中国新型城镇化转型研究

——人口、土地与产业三维协调发展的视角

刘习平◎著

Zhongguo Xinxing Chengzhenhua
Zhuanxing Yanjiu

知识产权出版社
全国百佳图书出版单位

图书在版编目(CIP)数据

中国新型城镇化转型研究:人口、土地与产业三维协调发展的视角 / 刘习平 著.—北京:知识产权出版社,2018.10

ISBN 978-7-5130-5789-9

Ⅰ.①中… Ⅱ.①刘… Ⅲ.①城市化—研究—中国 Ⅳ.①F299.21

中国版本图书馆CIP数据核字(2018)第192096号

内容提要

本书从新型城镇化中人口、土地和产业三个维度入手,剖析三者的内在关系,并测算和评价了中国城镇化中人口、土地和产业协调发展的现状。通过构建静态面板数据和动态GMM面板数据模型,实证研究了影响人口、土地和产业协调发展的因素,最后得出:当前中国的新型城镇化要推行大中小城市和小城镇联动发展的城镇化发展模式,兼顾大中小城市合理分工、协调发展,而且以城市群为主体形态,城市群内部通过交通网络和信息网络联合起来,促进城市群之间不同规模的城市产业分工协作、转移和人口的合理流动,并提出了促进当前新型城镇化转型的政策建议。

本书可供城市经济学、区域经济学等相关专业人士、决策者参考,也适合对中国城镇化感兴趣的读者参阅。

责任编辑:安耀东　　　　　　　　责任印制:孙婷婷

中国新型城镇化转型研究
——人口、土地与产业三维协调发展的视角
刘习平　著

出版发行:**知识产权出版社**有限责任公司　网　　址:http://www.ipph.cn

电　　话:010-82004826　　　　　　　　　　　　　http://www.laichushu.com

社　　址:北京市海淀区气象路50号院　　邮　　编:100081

责编电话:010-82000860转8534　　　　责编邮箱:anyaodong@cnipr.com

发行电话:010-82000860转8101　　　　发行传真:010-82000893

印　　刷:北京中献拓方科技发展有限公司　经　　销:各大网上书店、新华书店及相关专业书店

开　　本:720mm×1000mm　1/16　　　印　　张:14

版　　次:2018年10月第1版　　　　　　印　　次:2018年10月第1次印刷

字　　数:210千字　　　　　　　　　　　定　　价:65.00元

ISBN 978-7-5130-5789-9

前　　言

党的十八大提出"新型城镇化",是在未来城镇化发展方向上释放出了转型的新信号。为什么要大力推进"以人为本"的新型城镇化道路？原因在于原有的城镇化道路已经不能适应新形势下的新需求,其暴露出来的问题如果得不到有效解决,将影响到中国城镇化作用的发挥。中国需要推进城镇化转型发展,走新型城镇化道路,以解决城城镇化进程中存在的一些问题。中国当前的城镇化存在一个突出问题,即土地城镇化快于人口城镇化,表现为中国城市建成区快速增长,但城镇集聚的人口却没有同步提高,中国的人口城镇化速度小于土地扩张的速度。这意味着大量的土地非农化转变成了城镇用地,但是从农村转移到城镇的人口却明显滞后。针对中国土地城镇化与人口城镇化失调的严峻现实,专家学者们极力呼吁,认为亟须从土地城镇化转向人口城镇化。实际上,城镇化也不能简单等同于人口城镇化,并非仅是通过户籍制度改革,让人都住在城镇,聚集在一起就是城镇化了,这是有条件的,农村人口转移到城镇,要安居乐业成为真正市民,就需要有产业作为支撑,也就是产业的集聚。

中国土地城镇化、人口城镇化以及产业集聚不协调是现阶段面临的一个突出矛盾和问题,本书从新型城镇化中人口、土地和产业三个维度入手,系统探究了中国新型城镇化转型的路径。本书的主要内容和框架如下:

第一章:绪论。本章主要阐述了选题的背景和意义；相关概念的界定,包括城镇化、人口城镇化、土地城镇化和产业集聚；相关研究成果文献综述,包括人口转移与城镇化、城市土地与城镇化、产业集聚与城镇化，并对相关研究进行了述评；研究的框架和方法；论文的创新与不足。

第二章：城镇化进程中人口、土地及产业发展的内在关系。本章首先分析了人口城镇化与土地城镇化的内在关系，从人口城镇化与人口转移理论、土地城镇化与土地产权理论等入手，系统分析了城镇化中人口和土地的关联机制。其次分析了土地城镇化与产业集聚的内在关系，从土地城镇化与土地集约利用理论、产业集聚理论的视角探讨了城镇化中土地和产业发展的关联机制。再次分析了人口城镇化与产业集聚的内在关系，从人口与产业集聚、就业与产业集聚的视角探讨了城镇化中人口和产业发展的关联机制。最后探讨了城镇化进程中人口、土地及产业发展的内在关系，土地城镇化是人口城镇化和产业集聚的空间载体；产业集聚是土地城镇化和人口城镇化的重要支撑；人口城镇化是土地城镇化和产业集聚的核心要素。

第三章：城镇化进程中人口、土地及产业协调发展对城市经济发展的影响。本章主要从城市经济增长、社会发展和资源环境三者切入，既分析了土地城镇化、人口城镇化及产业集聚协调发展对经济增长、社会发展和资源环境带来怎样的影响，也探讨了三者不协调（土地城镇化、人口城镇化过快或过慢及产业集聚过高或过低）对城市经济增长、社会发展和资源环境带来的冲击和影响。提出土地城镇化、人口城镇化及产业集聚协调对促进城市可持续发展至关重要。

第四章：中国城镇化进程中人口、土地及产业发展现状和基本评价。本章首先对中国土地城镇化、人口城镇化及产业集聚发展历程进行回顾；其次分析了土地城镇化、人口城镇化及产业集聚发展现状，表现为土地城镇化快于人口城镇化、城市人口密度不高且呈下降趋势以及产业集聚吸纳就业人口不足；最后对城镇化进程中人口、土地及产业发展进行基本评价，当前中国城市发展效率相比于国外的一些城市而言较低，同时城镇化对农村发展带来了一些负面影响。

第五章：基于人口、土地及产业协调发展的城镇化效率研究。本章基于土地城镇化、人口城镇化及产业集聚的视角，通过构建 DEA-Malmquist 指数模型，研究了总体城镇化效率、比较分析了各产出指标的经济效率以及投入指标的集约效率。

第六章：影响城镇化进程中人口、土地及产业协调发展的因素。本章首先从理论上分析了影响土地城镇化、人口城镇化和产业集聚协调发展的因素和作用机理，然后通过构建静态和动态 GMM 面板数据模型，实证研究了影响三者协调发展的主要因素和作用大小。

第七章：促进人口、土地及产业协调发展的城镇化路径。本章首先分析了中国城镇化的阶段和特征，并对城镇化的多种模式进行了比较分析，然后分析了不同的城镇化道路与人口城镇化、土地城镇化以及产业集聚协调发展的关系，并提出了现阶段中国的城镇化要推行大中小城市与小城镇协调发展的城镇化道路，而且以城市群为主体形态。最后提出了促进中国土地城镇化、人口城镇化及产业集聚协调发展的城镇化道路。

第八章：研究总结与展望。本章总结本书主要的研究结论和未来有待深入研究的方向和问题。

党的十八大以来，社会各界高度关注城镇化问题，对如何走新型城镇化道路展开了深入讨论。相对于国内已有的新型城镇化转型著作，本书的特色在哪里？这是笔者在写作过程中一直思考并试图回答的问题。本书的特点：①理论与实证相结合。本书从理论上系统地分析了城镇化进程中人口、土地和产业三者之间的内在关系，丰富了新型城镇化的理论，为今后的继续研究提供理论参考，而且通过构建模型，对城镇化效率进行评估；测算了土地城镇化、人口城镇化和产业集聚协调发展指数，实证分析了影响三者协调发展的因素和大小，使论文具有较强的科学性。②资料翔实。本书在写作过程中，收集了大量的数据进行多角度深入分析，文字和图表相互印证，以便为相关研究或决策提供参考。③将知识性和可读性融为一体。本书作为系统研究成果，具有一定的学术价值，并且图文并茂，穿插一些案例研究，具有可读性。④突出政策含义。研究问题是为了解决问题，本书在第七章用大量的篇幅分析了促进中国人、土地和产业协调发展的城镇化道路，不仅要破解土地城镇化为什么会快于人口城镇化的谜团并提出相应的对策，还要分析如何通过产业集聚带动人口就业、实现农民市民化的难题。

在本书写作过程中，参考了国内外诸多学者的思想和观点，在此向有关作者表示衷心感谢。本书的出版得到了湖北经济学院、知识产权出版社领导的大力支持，在此示以衷心的谢意。

由于新型城镇化转型是一个很庞大的命题，涉及制度、机制、结构、文化等诸多层面，因认知水平有限，难免会以偏概全。书中疏漏、错谬之处在所难免，恳请读者批评并提出宝贵的意见。希望通过我们的努力，为中国新型城镇化转型发展做出应有的贡献。

刘习平

2018年9月1日

目　　录

第一章　绪论 ……………………………………………………………001

　　第一节　选题背景和意义 ……………………………………………001

　　第二节　相关概念界定 ………………………………………………003

　　第三节　相关研究成果文献综述 ……………………………………009

　　第四节　研究框架及方法 ……………………………………………015

　　第五节　创新与不足 …………………………………………………018

第二章　城镇化进程中人口、土地及产业发展的内在关系 …………021

　　第一节　人口城镇化与土地城镇化 …………………………………021

　　第二节　土地城镇化与产业集聚 ……………………………………028

　　第三节　人口城镇化与产业集聚 ……………………………………033

　　第四节　三者内在关系 ………………………………………………036

　　第五节　本章小结 ……………………………………………………038

第三章　城镇化进程中人口、土地及产业协调发展对城市经济发展的

　　　　　影响 ……………………………………………………………039

　　第一节　对城市经济增长的影响 ……………………………………039

　　第二节　对城市社会发展的影响 ……………………………………046

　　第三节　对城市资源环境的影响 ……………………………………053

　　第四节　本章小结 ……………………………………………………059

第四章　中国城镇化进程中人口、土地及产业发展现状和基本评价 ……060

　　第一节　中国土地城镇化、人口城镇化及产业集聚发展历程回顾 ……060

　　第二节　中国土地城镇化、人口城镇化及产业集聚发展现状 ………072

第三节 当前中国土地城镇化、人口城镇化及产业集聚发展的

　　　　基本评价 ···095

第四节 本章小结 ···117

第五章 基于人口、土地及产业协调发展的城镇化效率研究 ·······120

第一节 研究背景和思路 ···120

第二节 模型构建:DEA-Malmquist 指数方法 ···············123

第三节 指标选取和数据来源 ·····································126

第四节 效率水平分析 ···127

第四节 本章小结 ···138

第六章 影响城镇化进程中人口、土地及产业协调发展的因素 ·····140

第一节 机理和影响因素理论分析 ·································140

第二节 模型的设定和数据来源 ···································145

第三节 实证检验 ···155

第四节 本章小结 ···163

第七章 促进人口、土地及产业协调发展的城镇化路径 ···········165

第一节 中国城镇化的阶段定位——快速发展期 ···············165

第二节 中国城镇化的速度和质量——从量到质的转变 ·········166

第三节 城镇化的多种模式比较分析 ·····························167

第四节 不同城镇化道路与三者协调发展的关系 ···············172

第五节 促进中国人口、土地及产业协调发展城镇化道路 ·······187

第六节 本章小结 ···196

第八章 研究总结与展望 ···198

第一节 研究总结 ···198

第二节 研究展望 ···202

参考文献 ···204

后记 ···213

第一章 绪论

第一节 选题背景和意义

自党的十八大之后,城镇化成为全民关注热点,人口城镇化和土地城镇化是城镇化的两个重要维度。中国当前的城镇化存在一个突出问题,即土地城镇化快于人口城镇化,表现为中国城市建成区快速增长,但城镇集聚的人口却没有同步提高,中国的人口城镇化速度慢于土地扩张的速度。大量的土地非农化转变成了城镇用地,但是从农村转移到城镇的人口却明显滞后。据统计,1996年中国城镇面积是1.3万平方公里,到2011年,中国城镇面积扩大到5.3万平方公里,增长了3.1倍,而1996~2011年的城镇人口仅从3亿增加到6.9亿,增长了1.3倍。2009~2016年,全国城镇土地面积增加218.1万公顷,增幅为30.1%❶,远高于同时期城镇人口7.8%左右的增长率。一些地方政府为了发展各种产业,把大量的耕地、基本农田征用为城镇用地,导致很多城市土地城镇化的速度非常快。❷另外一组数据是:1985~2016年,中国的城镇用地增长弹性系数为2.22,远远大于国际

---

❶ 国土部.截至2016年底全国城镇土地总面积943.1万公顷[EB/OL].(2017-12-28)[2018-06-12].http://finance.people.com.cn/n1/2017/1228/c1004-29734355.html.

❷ 发改委.中国人口城镇化率滞后于土地城镇化[EB/OL].(2013-10-24)[2018-06-12].http://news.sohu.com/20131024/n388792786.shtml.

公认的 1.12❶的合理水平，如果再考虑人口城镇化质量不高，即目前中国城镇化率统计口径是以常住人口计算❷，截至 2016 年，中国的城镇化率按照常住人口统计为 57.35%，但如果按照户籍人口统计的城镇化率大概只有 41.2% 左右。❸中国仍然有 3 亿左右农民工处于"半市民化"状态。因此，如果综合考虑中国人口城镇化的客观现实，那么土地城镇化快于人口城镇化的表现就更为明显。

城市人口的增长与城市土地面扩张的不对称，反映出来的就是城市人口密度在不断下降。从 2000 年到 2016 年，城市人口密度年均下降 1.38%。与发达国家城市相比，中国城镇人口密度偏低。根据《中国城市统计年鉴》，2016 年全国地级市及以上城市人口密度仅为 305 人/平方公里，即便城市人口密度最大的上海市也仅仅达到 3816 人/平方公里，远低于同期发达国家城市人口密度。然而，中国土地资源极度稀缺，截至 2016 年底，中国耕地总数 20.24 亿亩，已接近 18 亿亩的红线。人均耕地约 0.1 公顷，远低于世界平均水平，处于世界中下水平。中国可以利用的土地资源并不丰富，人多地少的矛盾十分突出。人均土地资源十分贫乏，城镇人口密度偏低与中国土地资源极度稀缺的国情严重不符。

针对中国土地城镇化与人口城镇化失调的严峻现实，专家学者们极力呼吁，认为亟须从土地城镇化转向人口城镇化。实际上，城镇化也不能简单等同于人口城镇化，并非仅是通过户籍制度改革，让人都住在城镇，聚集在一起就是城镇化了，这是有条件的。农村人口转移到城镇，要安居乐业成为真正市民，就需要有产业作为支撑，也就是产业的集聚。城镇化是

---

❶ 城镇用地增长弹性系数国际公认的 1.12，在很多期刊和研究报告中都用来作为参考值。

❷ 即有些在城镇连续居住超过 6 个月之后就被作为城镇人口统计，但因没有城镇户籍而不能享受到城镇居民待遇的情况。

❸ 2016 年全国户籍人口城镇化率达 41.2%[EB/OL].（2017-02-10）[2018-06-12].http://www.xinhuanet.com/city/2017-02/10/ c_129474176.htm.

把农业人口转变为城镇人口之后，解决这个群体的安居乐业问题。❶因此，对于土地城镇化和人口城镇化而言，有必要更加关注人口城镇化的问题，从而促进土地城镇化和人口城镇化的协调，同时更应该要强化产业支撑，通过产业集聚解决进城农民工的就业和安居问题。

中国土地城镇化、人口城镇化以及产业集聚是现阶段面临的一个突出的矛盾和问题。本书从理论上系统地分析了土地城镇化、人口城镇化和产业集聚三者之间的内在关系以及土地城镇化、人口城镇化及产业集聚协调发展可以有效地促进城市经济增长、社会发展以及资源环境的改善。指出城镇化不等于简单的"土地的城镇化"，也不能简单等同于"人口的城镇化"，而应该是产业的集聚，丰富了城镇化的理论，为今后的继续研究提供理论参考。本书不仅要破解土地城镇化为什么会快于人口城镇化的谜团并提出相应的对策，还要分析如何通过产业集聚带动人口就业、实现农民市民化的难题。因此，探讨促进土地城镇化、人口城镇化及产业集聚协调发展的城镇化路径具有重大的理论和实践意义，对于顺利推进中国城镇化进程至关重要。

第二节　相关概念界定

一、城镇化

（一）城镇化的内涵解读

从现有的文献来看，城镇化可以看成是一个动态转化的过程❷，不同的学者从人口城镇化、经济城镇化、空间城镇化、生活方式城镇化、生活

---

❶ 王元京.新型城镇化业绩的后评价[J].中国科技投资,2013(27):45-48.
❷ 它涉及人口、空间、经济和社会等诸多因素。

质量城镇化和制度城镇化的角度对城镇化的含义进行了界定。

　　人口城镇化是从人口转移的角度对城镇化的含义进行的界定，Henzler 指出，城市化就是人口从农村流入到城市的集聚过程。[1]Christopher Wilson 将城市化理解为居住在城市地区人口比重上升的一种现象。可以看出，人口城镇化描述了城镇化过程中人口从农村流入到城市的特征，是城镇化的表象，现在看来这一传统的定义已经显得过于狭窄，因为城市化不仅是农村人口向城市转移的过程，而且包含了在转移过程中与之相伴的社会、经济、生活、思想观念等方面的转变。经济城镇化从经济发展的角度，强调生产要素集聚，通过专业化的分工，促进城市经济的增长。[2]如中国学者叶裕民认为城市化是非农产业在城市集聚的过程。[3]空间城镇化是国内外学者从地理学的角度对城镇化的含义予以的阐述，描述了城镇化进程中地域空间的转换，是城镇化过程中的表象特征，并不能代表城镇化的内涵。生活方式城镇化是从社会学的角度表述城镇化是一种生活方式的改变和渗透，此类观点是特别强调生活方式的转变和都市文明的渗透这些深层次的内涵。生活质量城镇化强调实现人的生活质量与品质的提升[4]，建设部副部长仇保兴表示，加快城镇化建设要改变片面追求经济增长的定势，更加重视群众的生活质量和社会发展，不断改善人居环境；要切实提升城市发展质量，提高城市综合管理水平。[5]杨伟民指出，推进城镇化要立足于改善居民生活质量。[6]新型城镇化强调以人为本，提高居民的生活质量，是城镇化建设的根本目的，但是这种城镇化的概念是一种结果，没有反映城

❶ 赫茨勒.世界人口的危机[M].何新,译.北京:商务印书馆,1963.

❷ 刘洁泓.城市化内涵综述[J].西北农林科技大学学报(社会科学版),2009,9(4):59-61.

❸ 叶裕民.中国城市化的制度障碍与制度创新[J].中国人民大学学报,2001(5):32-38.

❹ 李欣.城镇化是生活质量与品质提升[EB/OL].(2013-01-31)[2018-06-12].http://news.hexun.com/2013-01-31/150777041.html.

❺ 城镇化要重视生活质量和社会发展[N].城市导报,2012-11-16(B1).

❻ 杨伟民.推进城镇化要立足于改善居民生活质量[EB/OL].(2013-03-30)[2018-06-12]. http://www.gw.com.cn/news/news/2013/0330/200000150926.shtml.

镇化发展的动态演变过程。制度城镇化强调城镇化是一种制度的替代和变更过程，是城市制度对农村制度的部分替代。这种观点丰富了城市化本质认识的理论成果。

（二）本书所指的城镇化的内涵和特征

根据现有的文献来看，主要有经济学、人口学、地理学和社会学四个学科对城镇化的含义进行了阐述，各个学科的学者都是从不同的视角来看待城镇化。笔者认为，城镇化是一个很复杂的系统，不仅包括人口向城市集中以及城市空间的扩大等表面的特征和现象，而且应包含农村进入城镇的居民生活质量水平的提高以及生产生活方式的改变，城镇化不只是人口在城乡之间的转移过程，同时又是社会关系（包括经济、政治和文化等方面）改变的过程。❶因此，笔者认为，对城镇化内涵的界定必须从不同学科的角度进行系统的研究，任何从某一个学科进行的阐述虽然是城镇化建设的重要内容，但并不能代表城镇化建设的全部内容，因为城镇化是一个复杂的系统过程。城镇化的内涵包含速度和质量，城镇化的质量比城镇化的速度更为重要。❷城镇人口向城市集中以及城市空间的扩大是城镇化的表象特征，城镇经济规模的扩大和产业结构的高级化以及城镇居民生活水平的提高是城镇化的内涵特征。产业支撑是城镇化建设的根本。城镇化建设过程中农业转移人口市民化后的安居乐业和城镇的可持续发展都需要产业作为支撑。❸城镇的经济活动表现为一种集聚经济。成熟产业进入城镇，能够提供更多的就业机会。让产业进入城镇，地方财政收入会增加，使城镇化建设具备了自我造血功能。城镇有产业作为支撑，城镇化才可能实现可持续发展。政府财政收入增加，就可以用一部分资金给农民工提供与城

---

❶ 汪海波.中国现阶段城镇化的主要任务及其重大意义[J].经济学动态,2012(9):49-56.

❷ 杨眉.城镇化的发展规律、原则及路径[J].城市问题,2012(8):26-29.

❸ 张秀娥,张梦琪.产业集聚是新型城镇化建设的关键[N].光明日报,2014-09-08(7).

镇居民同等的公共服务。成熟产业进入城镇，与当地服务业相互支撑，有利于促进产业持续健康发展，有利于吸纳更多的农民就业。城镇化要处理好与农业化和工业化的关系。城镇化的表象特征是农村人口进入城市，从农村释放出大量的剩余劳动力，这个前提条件是农业生产率的大幅提高以及农业现代化的推进；城镇化离不开现代工业化，工业化为城镇化提供支撑。工业化、城镇化和农业现代化三者两两互促共进，在相互协调中向前发展。

二、人口城镇化

人口城镇化，通常指乡村人口不断向城镇转移和集中，从而使城镇人口比重不断上升的过程。人口城镇化指标表示的是城镇人口占总人口的百分比。通常用城镇人口指标法来表示人口城镇化的水平，即用某一个地区的城镇人口占总人口的比重来表示，计算公式如下

$$L_1 = P_t / (P_t + P_c) = P_t / P \tag{1-1}$$

式中，L_1 代表人口城镇化指标水平；P_t 和 P_c 分别表示城镇人口数量和农村人口数量；P 表示总人口。根据上述计算方法，可以看出，城镇人口指标法是以人口的居住地为标准的[1]，那么城镇人口的统计口径对统计的结果会产生影响，问题的关键是城镇人口的统计是否与实际城镇化的人口相符合。

此外，为了与实际城镇人口相符合，一些学者采用户籍人口统计指标，那么，上面的式子可以表示为

$$L_2 = P_u / (P_u + P_c) = P_u / P \tag{1-2}$$

式中，L_2 表示按户籍人口计算的城镇化水平；P_u 和 P_c 分别表示城镇人口数量和农村人口数量；P 表示总人口。

---

[1] 以常住人口为统计标准。

图1-1是分别用常住人口和户籍人口两种统计标准计算的城镇化率。可以看出，以这两种统计标准测算的城镇化率存在一定的差距，而且这种差距有进一步扩大的趋势。

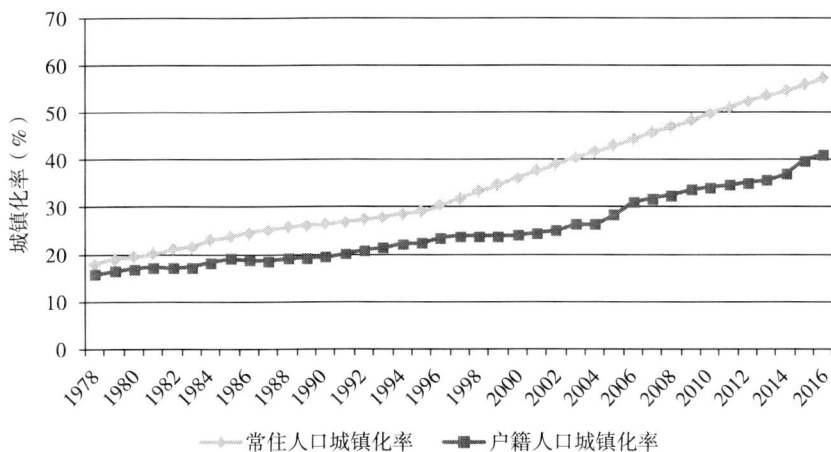

图1-1 常住人口与户籍人口城镇化率差距

数据来源：根据国家统计局公布的数据进行汇总。

三、土地城镇化

2007年，陆大道、姚士谋等在向国务院递交的一份名为《关于遏制"冒进式"城镇化和空间失控的建议》的报告中明确提出土地城镇化的概念❶，并将这一问题引向了深入的研究，得到了学术界的积极回应。土地城镇化表现为城市（城镇）建成区快速增长、土地的大量非农化，从产权和制度变迁角度看，土地城镇化涉及土地使用权等在内的一系列财产权利束的变化。土地城镇化❷用一个国家（地区）的城市建成区土地面积与区域总面积之比来表示，计算公式为

---

❶ 陆大道,姚士谋,李国平.基于中国国情的城镇化过程综合分析[J].经济地理,2007,27(6)：883-887.

❷ 用土地利用指标来表示。

$$L_3 = A_s/(A_s + A_b) = A_s/A \qquad (1-3)$$

式中，L_3 表示土地城镇化水平；A_s 和 A_b 分别表示建成区土地面积和建成区以外的土地面积；A 表示区域总面积。土地利用指标法是从城市建设面积比例来测算城镇化的水平，但是由于城市人口密度的差异，所测算的结果也有一定的影响。

四、产业集聚

（一）不同研究视角的产业集聚

规模经济的视角。从规模经济的视角来看，马歇尔提出了"内部经济"和"外部经济"两个重要的概念，马歇尔认为，产业发展的规模和专业生产的地区性集中有很大的关联，称为外部规模经济；单个企业的资源、组织和管理的效率也决定了产业发展的规模，称为内部规模经济。马歇尔认为，企业为了追求规模经济而集聚。马歇尔对产业集聚的理解更多的是从产业的角度来看的。

（1）区位指向型的视角。韦伯从区位指向的角度阐述了企业扎堆在一起取决于集聚所带来的收益以及所产生的成本之间的权衡。他是从微观企业的区位选择角度来看的。我们可以把韦伯的产业集聚理解为区位指向型的产业集聚。他指出，集聚经济是指集聚因素在经过初级阶段的积累和发展上升到高级阶段[1]后形成的产业集群。[2]他认为，由于产业集群会减少基础性开支、运输成本节约等优势条件，从而引发企业集聚。

（2）竞争的视角。新竞争经济学的代表波特从企业为寻求区域产品或品牌的竞争力角度来看待产业集聚现象的。

---

[1] 初级阶段指的是仅通过企业自身的扩大而产生集聚优势，高级阶段指的是各个企业通过相互联系的组织而实现地方工业化。

[2] 安虎森.区域经济学通论[M].北京:经济科学出版社,2004.

（3）社会网络的企业间分工与协作的视角。意大利学者Baeattini从生产的角度强调了产业集聚在集聚过程中基于社会网络的企业间分工与协作的互动关系。❶

（4）创新的视角。熊彼特用创新理论来解释这一现象，认为产业集聚有助于创新，创新也有助于产业集聚。

（二）本书所指的产业集聚内涵

产业集聚是指具有相同行业特性的企业为追求一定的经济利益在某个特定地理区域内高度集中的现象。根据这个定义，我们可以得出如下结论：第一，相同行业特性指的是基于企业间的关联，产业集聚的表现形态是生产要素在某一个特定的区域高度集中。第二，生产要素向特定的地域空间集聚是出于对经济利益的考虑，如，追求规模经济（包括外部规模经济和内部规模经济）、生产成本的降低、提高产品的竞争力等。第三，这种产业集聚虽然可以通过政府相关的产业规划、优惠政策，促进生产要素向某个区域集中，但是很大程度上是市场经济的自发行为。

第三节 相关研究成果文献综述

一、人口转移与城镇化

拉文斯坦发表了《人口迁移律》（*The Laws of Migration*）一文，认为经济因素是促使人口转移的主要原因。❷推拉理论最早由英国经济学家拉文斯坦等人提出。推拉理论认为，人口迁移是推力和拉力两种力量相互作用

---

❶ 龚虹波,许继琴.国内外产业集聚政策研究综述[J].生产力研究,2004(10):184-187.

❷ JUSTIN L, WANG G W, ZHAO Y H.Regional inequality and labor transfers in China [J]. Economic development and cultural change, 2004, 52(3):587-603.

的结果。推力（或称排斥力）是由原住地的不利因素所引起的，如迁出地就业机会的缺少、农业收入水平的低下、社会关系不和、居住环境恶劣等因素都形成推力；拉力或称吸引力是指迁入地的有利条件，例如较好的基础设施、教育环境、医疗条件以及高收入等人口迁移的因素。

关于人口转移理论，刘易斯在《劳动力无限供给下的经济发展》中，认为城市工业部门和落后乡村农业部门的收入差距导致农村剩余劳动力流向城市工业部门。费景汉和拉尼斯接受了刘易斯模型中提到的"无限的劳动供给"转折点的存在，但也说明了只有在农业生产总量不断提高，且劳动力转移速度高于农村人口增长速度时[1]，这个转折点[2]才有可能达到。[3]乔根森（Jorgenson）认为随着人们消费结构的改变，农村剩余劳动力转移到工业部门就成为必然。托达罗（M. P Todaro）模型引入了城市就业概率，解释了发展中国家农村劳动力人口流动与城市失业现象并存的原因。[4]此外，舒尔茨从人口迁移的角度来解释劳动力迁移行为。

城市化和劳动力转移是同一问题的两种表现形式，城市化进程在很大程度上取决于农村劳动力转移的速度与规模。发达国家工业化历程表明：农村劳动力转移与人口城镇应当协调发展[5]，农村劳动力转移和城镇化之间相互促进、相辅相成。彭荣胜研究发现，中国欠发达地区农村劳动力就业能力偏低，难以承担转移成本，导致人口城镇化缓慢。辜胜阻等发现，人口城镇化过快，城市难以承载如此多的人口转移，城乡二元结构在城市

[1] 强调了农业部门的重要性，阐述了工业部门和农业部门之间的互动关系。

[2] 言外之意就是如果农业增长停滞并且农业人口增长过快，劳动力转移的转折点就不可能达到，也就是永远都会存在农村剩余劳动力的问题。

[3] FEI C H, RANIS G A. Theory of economic development[J]. American economic review, 1961, 51(4):533-565.

[4] YANG D, PARK A, WANG S G. Migration and rural poverty in China [J]. Journal of comparative economics, 2005, 33(4):688-709.

[5] 王凤鸿, 伊文君. 区域农村劳动力转移与人口城镇化协调发展的动力机制研究——以山西省为例[J]. 技术经济与管理研究, 2007(4):61-62.

内部开始出现。❶

二、城市土地与人口问题

关于城市的土地与人口问题，国外的研究侧重于探讨城市空间扩张机制，如Brueckner。❷❸❹中国的城市土地与人口问题的研究主要集中在土地城镇化和人口城镇化发展现状和原因的分析两个方面。有关土地城镇化和人口城镇化发展现状的研究，陈凤桂选择人口城镇化和土地城镇化为切入点，通过构建多重指标体系测算人口城镇化与土地城镇化指数，结果表明中国人口城镇化与土地城镇化协调发展空间格局具有水平总体偏低、阶段差距大、区域分异明显等特点。❺范进、赵定涛建立了土地城镇化与人口城镇化的协调性指数测定模型，研究表明土地城镇化明显快于人口城镇化。❻尹宏玲、徐腾以全国所有建制市为对象，采用2006年和2010年各城市人口、建设用地数据，测度两者的离差系数研究表明：中国城市人口和土地城镇化整体上呈现出失调发展态势，但这种失调性正逐步趋缓；中国人口和土地城镇化失调性具有明显的地区、规模、类别差异性。❼李力行测算了1982~2005年全国城镇建成区面积和人口城镇化水平的变化趋势，

❶ 辜胜阻,郑凌云,易善策.新时期城镇化进程中的农民工问题与对策[J].中国人口.资源与环境,2007,17(1):1-5.

❷ BRUECKNER J K, FANSLER D A. The economics of urban sprawl：theory and evidence on the spatial sizes of cities[J].The review of economics and statistics,1983,65(3):479-482.

❸ BRRUECKNER J K.Urban sprawl：diagnosis and remedies [J].International regional science review,2000,23 (2):160-171.

❹ BRRUECKNER J K, HELSLEY R W.Sprawl and blight [J].Journal of urban economics,2011,69(2):205-213.

❺ 陈凤桂,等.中国人口城镇化与土地城镇化协调发展研究[J].人文地理,2010(5):53-58.

❻ 范进,赵定涛.土地城镇化与人口城镇化协调性测定及其影响因素[J].经济学家,2012(5):61-67.

❼ 尹宏玲,徐腾.中国城市人口城镇化与土地城镇化失调特征及差异研究[J].城市规划学科,2013(2):10-15.

认为土地城镇化和人口城镇化正处于非均衡和不协调发展之中。[1]孙丽萍、杨筠采用复合系统协调度模型，对中国西部地区 1999~2014 年人口城镇化和土地城镇化的协调发展状况进行时空评价，总体上，西部地区城镇化建设质量不高，人口—土地城镇化尚不能实现良性耦合和良好协调发展。[2]张鹏岩以中原经济区为研究对象，基于人口结构、发展能力、生活水平、土地利用投入、土地利用产出等构建了人口城镇化与土地城镇化耦合协调的测度指标体系，以耦合协调模型为研究方法，对中原经济区 2003~2013 年人口与土地间的耦合协调关系进行分析。[3]李纪鹏、温彦平以武汉市为研究对象，通过建立合理的指标体系，利用主成分分析法、协调发展模型以及回归分析模型评价 2002~2015 年武汉市人口城镇化与土地城镇化的协调发展状况并预测二者 2015~2019 年的协调发展状况。[4]有关土地城镇化与人口城镇化不协调的原因分析，一种观点认为分税制改革后，地方政府的事权和财权不对等，促使地方政府通过"卖地"来获取财政收入，由此推动了土地城镇化快速发展[5]；另一种观点认为二元土地制度[6]是中国土地城镇化与人口城镇化不协调的主要原因。从大的层面来看，大多数学者都赞同政府的推动起主要作用，范进、赵定涛认为造成两者不协调的直接因素是城乡分割的二元户籍制度和土地制度，而这又内生于以投资驱动为导向

[1] 李力行.中国的城市化水平:现状、挑战和应对[J].浙江社会科学,2010(12):27-42.

[2] 孙丽萍,杨筠.中国西部人口城镇化与土地城镇化协调性的时空分析[J].地域研究与开发,2017,36(3):55-58.

[3] 张鹏岩,等.人口城镇化与土地城镇化的耦合协调关系——以中原经济区为例[J].经济地理,2017,38(8):145-154.

[4] 李纪鹏,温彦平.武汉市土地城镇化与人口城镇化协调性研究[J].华中师范大学学报(自然科学版),2018,52(1):108-114.

[5] 陆大道,宋林飞,任平.中国城镇化发展模式:如何走向科学发展之路[J].苏州大学学报(哲学社会科学版),2007(2):1-7.

[6] 土地征收是政府行政行为,土地出让是市场行为。

的经济发展战略。❶陆大道等认为，由于政府的行政推动，中国的城市化进程出现了蔓延式的空间扩张。❷

三、产业集聚与城镇化

国外学者主要运用理论模型来解释产业集聚与城市化之间的互动关系。Button❸将城市的集聚经济效益分为十大类❹，由于集聚经济效益的存在，产业区位集聚与城市化之间表现出共生并进的发展态势。Mills and Hamilton❺借鉴马歇尔的外部经济理论，形成了米尔斯-汉密尔顿城市形成模型（见图1-2），分析了产业的区位选择和集聚与城市形成之间的关系。

关于产业集聚对城市发展影响的分析，首先，产业集聚提高城市竞争力和推动城市化进程。产业集聚形成后，能降低交易成本、提高效率等，从而进一步提升整个城市竞争能力。❻其次，产业集聚优化了城市空间结

---

❶ 范进,赵定涛.土地城镇化与人口城镇化协调性测定及其影响因素[J].经济学家,2012(5):61-67.

❷ 陆大道.中国的城镇化进程与空间扩张[J].城市规划学刊,2007(4):47-52.

❸ BUTTON K J.Urban economics:theory and policy[M].London:The MacMillan Press,1976.

❹ 这十类可以分为:一是本地市场的潜在规模。二是大规模的本地市场也能减少实际生产费用。三是与经济规模有关的是在提供某些公共服务事业之前,需要有个人口限制标准。交通运输业更是如此。四是某种工业在地理上集中于一个特定的地区,有助于促进一些辅助性工业的建立。五是与同类企业在地理上集中特别相关联的、更进一步的集聚经济效益,是日趋积累起来的熟练劳动力汇聚和适合于当地工业发展需要的一种职业发展制度。六是有才能的企业家与经营家的汇集发展起来,不仅包括同工业直接有关的人员,还包括那些聘任人员,如会计、工效研究专家等。七是在大城市,金融与商业机构条件更为优越。八是同小的中心相比,城市集中能经常提供范围更广泛的设施,如娱乐、社交、教育等,而这对于良好的经营管理是很大的吸引力。九是工商业更乐于集中,因他们可以面对面打交道。十是处于地理上的集中时,能给予企业很大的刺激去进行革新。

❺ MILLS E S,HAMILTON B W.Urban economics[M].New York :Harper Collins College Publishers,1994.

❻ 赵纬,王韬,李德功.论中部地区产业集聚与城市化之互动[J].地域研究与开发,2006,25(4):43-47.

构，促使城市土地利用结构多样化。[1]产业集聚对城镇化进程的推动机制方面，李荣认为，产业集聚能够通过集聚生产要素与产业而形成城市化引力场。[2]伍骏骞认为产业集聚作为城镇化发展的重要推动力，通过要素和资源集聚，为城镇化提供了产业支撑和经济保障。[3]丛瑞雪认为，产业集群不断成长所带来的就业乘数效应、创新优势、集聚效应、品牌效应的相互作用会推动农村人口向城镇人口转移、产业结构升级和城镇综合竞争力提升。[4]

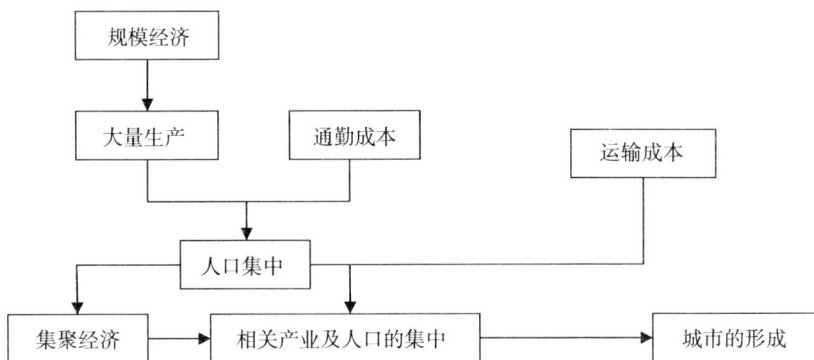

图1-2 城市形成的米尔斯－汉米尔顿模型

四、相关研究述评

人口转移理论为农村人口向城镇转移提供了理论依据，而且这一研究在更进一步的深入，国内一些学者针对中国的实际情况，提出了一些看法和见解，是很有价值的研究。关于城市土地与人口问题，国外主要探讨城市空间扩张机制，由于中国土地产权不明晰，城市扩张的问题更为复杂。国内学者普遍认为，由于政府主导推动城镇化，中国的城镇化进程正处在

---

[1] 杨婉月.推动泉州城市化与产业集聚互动发展[J].发展研究,2006(11):42-43.

[2] 李荣.产业集聚对城市化的推动作用分析[D].重庆:重庆工商大学,2009:31.

[3] 伍骏骞,等.产业集聚与多维城镇化异质性[J].中国人口·资源与环境,2018(5):105-114.

[4] 丛瑞雪.产业集聚对城镇化的推动机制研究[D].济南:山东大学,2012:1.

一个"大跃进"和空间扩展失控状态。关于产业集聚与城镇化，国外学者主要运用理论模型来解释产业集聚与城市化互动之间的关系，国内主要从产业集聚通过吸引更多的人才、资金、技术等生产要素，使城市的规模和辐射作用不断提高。城市土地、人口和产业集聚都是城镇化进程中不可忽视的几个问题。从目前的研究来看，分别从人口、土地以及产业集聚与城镇化的关系研究的文献较多，但是城市化进程中的人口、土地和产业是一个系统，从整体上来探讨它们三者之间的关系的文献还比较少，有必要进行深入研究。

第四节 研究框架及方法

一、研究框架

本书主要从八个部分展开，整体的框架和各章节主要内容安排如下：

第一章为绪论，主要阐述了选题的背景和意义；相关概念的界定，包括城镇化、人口城镇化、土地城镇化和产业集聚；相关研究成果文献综述，包括人口转移与城镇化、城市土地与城镇化、产业集聚与城镇化，并对相关研究进行了述评；研究的框架和方法；论文的创新与不足。

第二章深入分析了土地城镇化、人口城镇化和产业集聚的内在关系和相互作用的方式，为后面的分析和研究打下理论基础。

第三章分析了土地城镇化、人口城镇化及产业集聚协调发展对城市经济发展的影响，主要从城市经济增长、社会发展和资源环境三者切入，既分析了土地城镇化、人口城镇化及产业集聚协调发展对经济增长、社会发展和资源环境带来怎样的影响，也探讨了三者不协调（土地城镇化、人口城镇化过快或过慢及产业集聚过高或过低）对城市经济增长、社会发展和资源环境带来的冲击和影响；提出土地城镇化、人口城镇化及产业集聚协调对促进城市可持续发展至关重要。

第四章分析了中国土地城镇化、人口城镇化及产业集聚发展现状和基本评价。发展现状表现为土地城镇化快于人口城镇化、城市人口密度不高且呈下降趋势以及产业集聚吸纳就业人口不足；当前中国城市发展效率相比于国外的一些城市而言较低，同时城镇化对农村发展带来了一些负面影响。

第五章基于土地城镇化、人口城镇化及产业集聚的视角，通过构建DEA-Malmquist指数模型，研究了总体城镇化效率、比较分析了各产出指标的经济效率以及投入指标的集约效率。

第六章分析了影响土地城镇化、人口城镇化以及产业集聚协调发展的因素。从理论上分析影响土地城镇化、人口城镇化以及产业集聚协调发展的机理和主要因素，并运用静态和动态GMM面板数据模型从实证上进行了验证。

第七章首先分析了中国城镇化的阶段和特征，并对城镇化的多种模式进行了比较分析。然后分析了不同的城镇化道路与人口城镇化、土地城镇化以及产业集聚协调发展的关系，并提出了现阶段中国的城镇化要推行大中小城市与小城镇协调发展的城镇化道路，而且以城市群为主体形态。最后提出了促进中国土地城镇化、人口城镇化及产业集聚协调发展的城镇化道路。

第八章为研究总结与展望。总结本书主要的研究结论和未来的深入研究方向。

本书的研究框架如图1-3所示。

```
┌─────────────────────────────────────────────────────────────────┐
│              问题的提出、研究背景和意义                              │
└─────────────────────────────────────────────────────────────────┘
        │                       │                       │
        ▼                       ▼                       ▼
┌──────────────┐      ┌──────────────┐       ┌──────────────┐
│   文献梳理    │      │   理论基础    │       │   内在关联    │
└──────────────┘      └──────────────┘       └──────────────┘
        │                       │                       │
        ▼                       ▼                       ▼
┌─────────────────────────────────────────────────────────────────┐
│        土地城镇化、人口城镇化及产业集聚发展现状和评价                 │
└─────────────────────────────────────────────────────────────────┘
        │                       │                       │
        ▼                       ▼                       ▼
┌──────────────┐      ┌──────────────┐       ┌──────────────┐
│ 基于人口、土地 │      │  协调发展路径  │       │  影响协调发    │
│ 和产业协调发展 │      │              │       │  展的因素      │
│ 的城镇化效率   │      │              │       │              │
│ ┌──────────┐ │      │ ┌──────────┐ │       │ ┌──────────┐ │
│ │DEA-      │ │      │ │ 阶段定位  │ │       │ │ GMM 模型  │ │
│ │Malmquist │ │      │ │量到质的转变│ │       │ │          │ │
│ └──────────┘ │  ⇒   │ └──────────┘ │   ⇐   │ └──────────┘ │
│ ┌──────────┐ │      │ ┌──────────┐ │       │ ┌──────────┐ │
│ │《中国统计 │ │      │ │城镇化多种 │ │       │ │《城市统计 │ │
│ │年鉴》区域 │ │      │ │模式比较分析│ │       │ │年鉴》城市 │ │
│ │数据       │ │      │ └──────────┘ │       │ │数据       │ │
│ └──────────┘ │      │ ┌──────────┐ │       │ └──────────┘ │
│ ┌──────────┐ │      │ │ 具体对策和 │ │       │ ┌──────────┐ │
│ │城镇化效率 │ │      │ │ 发展路径  │ │       │ │作用方向及 │ │
│ │评价及启示 │ │      │ └──────────┘ │       │ │影响程度   │ │
│ └──────────┘ │      │              │       │ └──────────┘ │
└──────────────┘      └──────────────┘       └──────────────┘
        │                       │                       │
        ▼                       ▼                       ▼
┌─────────────────────────────────────────────────────────────────┐
│                      研究结论与展望                                │
└─────────────────────────────────────────────────────────────────┘
```

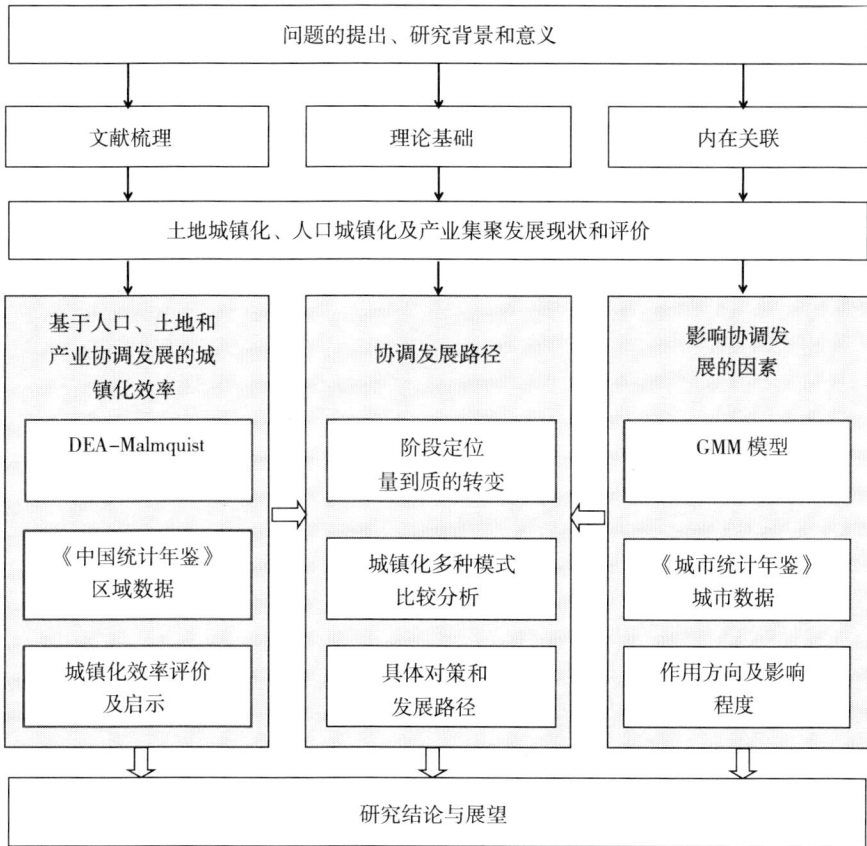

图 1-3　本书的研究框架

二、研究方法

（1）理论分析。研究中参考了大量发展经济学、区域经济学、城市经济学等学科的理论，将区域产业集聚理论、人口转移理论以及城市形成和发展相关理论研究现状进行了定性的分析，梳理已有研究的进展和研究方向；对土地城镇化、人口城镇化和产业集聚三者互动发展关系进行了分析，从理论方面探究三者之间的相互作用关系。

（2）案例分析。参考了国内外典型城市土地城镇化、人口城镇化和产业集聚协调发展的经验和模式，并深入分析了这些典型城市的发展经验对中国促进土地城镇化、人口城镇化和产业集聚协调的启示。

（3）统计归纳。本书在研究过程中，力求做到理论与实证相结合，收集了大量的数据资料，测算了城镇用地增长弹性系数、单位城镇土地GDP、单位城镇土地就业、城镇人口密度等指标，并对当前这些指标的演变趋势和特征进行了分析。

（4）对比分析。本书首先测算了中国主要城市以及国外主要城市单位城镇土地GDP、城镇人口密度等指标，并将这些指标进行了对比分析，得出中国主要城市单位城镇土地GDP及城镇人口密度远低于国外主要城市。

（5）实证分析。通过构建DEA-Malmquist指数模型，研究了总体城镇化效率、比较分析了各产出指标的经济效率以及投入指标的集约效率；测算了土地城镇化、人口城镇化和产业集聚协调发展指数，构建省级层面的静态和动态GMM面板数据模型，分析了影响三者协调发展的因素，使论文具有较强的科学性。

第五节　创新与不足

一、创新点

本书系统分析了土地城镇化、人口城镇化以及产业集聚三者之间的内在关系，认为土地城镇化是人口城镇化和产业集聚的空间载体；产业集聚是土地城镇化和人口城镇化的重要支撑；人口城镇化是土地城镇化和产业集聚的核心要素。城镇化不应该是城镇空间扩张的城镇化，也不能简单等同于人口城镇化，并非仅是通过户籍制度改革，让人都聚集在一起、住在城镇就是城镇化，这是有条件的。农村人口转移到城镇，要安居乐业成为真正市民，就需要有产业作为支撑，也就是产业的集聚。

系统研究了土地城镇化、人口城镇化及产业集聚协调可以有效地促进城市经济增长、社会发展以及资源环境的改善。土地城镇化、人口城镇化过快或过慢及产业集聚度过高或过低都会对城市经济增长、社会发展和资源环境带来负面影响。提出了促进土地城镇化、人口城镇化及产业集聚协调发展的城镇化道路。

基于土地城镇化、人口城镇化以及产业集聚协调发展的视角，采用DEA-Malmquist 方法进行城市化效率研究，除了进行综合效率比较外，还研究了单一产出指标的 Malmquist 指数，并对投入指标的集约效率进行了分析。

运用物理学中耦合协调度的概念，测算了土地城镇化、人口城镇化和产业集聚协调发展指数，然后通过理论和机制分析构建省级层面的静态和动态GMM面板数据模型，分析了影响三者协调发展的因素以及作用大小，做到理论与实证相互印证，这方面的研究还不多见。

系统分析了不同的城镇化道路与土地城镇化、人口城镇化及产业集聚协调发展的关系，据此提出当前中国的城镇化要推行大中小城市与小城镇协调发展的城镇化道路，兼顾大中小城市和小城镇合理分工、协调发展，而且以城市群为主体形态，促进城市群之间不同规模的城市产业分工协作、转移和人口的合理流动。

二、不足之处

关于土地城镇化、人口城镇化和产业集聚发展现状，不同城市规模可能存在一定的差异，受数据的局限（如小城镇的数据很难获得），没有进行细分，这一方面的研究还不够深入。

本书对单位城市土地产出率的影响因素采用的是面板数据的分析，为进一步分析中国城市土地产出率，可以选取有代表性的发达国家和发展中国家的样本数据进行对比研究，以了解中国城市土地产出率的发展状况和差距，认清中国城市土地产出率背后的问题。

关于三者协调度的测算，不同学者采用不同的方法或数据指标，使得三者的协调度计算结果出现一定的差异，对土地城镇化、人口城镇化和产业集聚协调度的研究需要进一步深入。

第二章 城镇化进程中人口、土地及产业发展的内在关系

本章分别从理论上探讨人口城镇化与土地城镇化、人口城镇化和产业集聚两两之间及三者之间的内在关系，为后面的分析和研究打下理论基础。

第一节 人口城镇化与土地城镇化

一、理论基础

（一）人口城镇化与人口转移理论

人口城镇化是指农村人口不断向城市转化和集中，城镇人口占总人口的比重逐渐提高的动态过程。也就是说，人口城镇化很重要的一个表现就是农村人口转移到城镇，也就涉及农村剩余劳动力转移，比较有代表性的劳动力转移理论有如下。

（1）刘易斯模型。

刘易斯从部门分析的角度来分析人口流动，提出了二元经济结构下人口流动模型❶，如图2-1所示。

---

❶ LEWIS W A.Economic development with unlimited supply of labour [J]. Manchester school of economic & social studies，1954，22（2）：139–191.

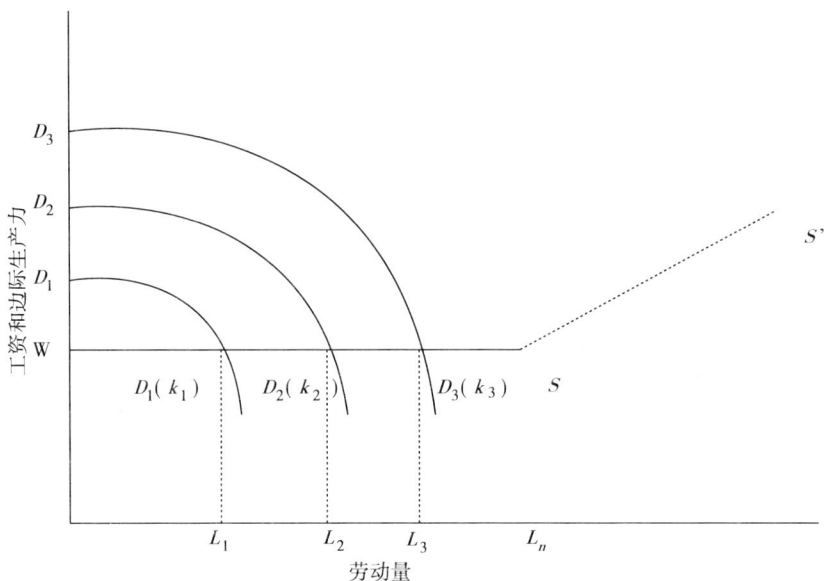

图2-1 刘易斯模型

刘易斯模型把国家分为传统农业部门和现代工业部门，传统农业部门存在大量的剩余劳动力，工业部门工资水平高于农业部门。在这两部门收益差异的驱动下，农村剩余劳动力向城市工业部门的不断转移。[1]在图2-1中，S点为无限供给的转折点，此时劳动供给曲线向右上方倾斜。刘易斯模型为人口迁移提供了分析视角和理论模型，人们在肯定刘易斯模型合理性的同时，也指出了缺陷，其中刘易斯对劳动力无限供给的假定以及模型中对农业部门发展重要性的忽视受到了很大的批评，特别是对农业部门发展重要性的忽视是致命缺陷，因为无论是从理论上还是现实中，没有农业发展的增长是不可想象的。

（2）三阶段模型。

费景汉和拉尼斯（G. Ranis & C.H. Fei）在刘易斯模型的基础上，提出

---

[1] 张培刚.发展经济学教程[M].北京:经济科学出版社,2007:352-353.

了三阶段模型❶，探讨了工农业之间的内在联系，强调农业对工业扩张的作用不仅是提供劳动力，而且还提供农业剩余。L_1和L_2为两个分界点（见图2-2）。但是，费景汉-拉尼斯模型没有解释如何提高农业劳动生产率的同时保持不变制度工资水平。

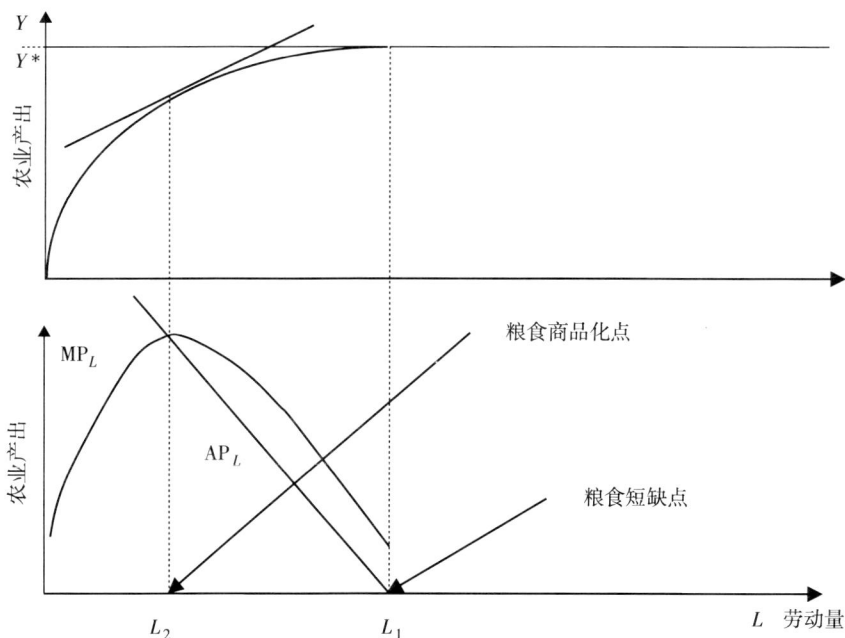

图2-2　费景汉-拉尼斯二元经济结构转变和人口乡城转移的三个阶段

（2）托达罗模型。

托达罗模型首次阐述了城市失业与乡村人口流入城市两者并存现象的原因。❷托达罗模型提出了如下两点假说：第一，促进人口流动的基本经济力量是转移人口收益和成本的考量。❸第二，迁移决策取决于城乡实际工资差异和获得就业机会的概率。这两个假说可以用数学语言表示为

---

❶ FEI C H, RANIS G A. Theory of economic development[J]. American economic review, 1961, 51(4): 533–565.

❷ TODARO M P. A model of labor migration and urban unemployment in less developed countries[J]. American economic review, 1969, 59(1): 138–148.

❸ 托达罗. 经济发展[M]. 黄卫平, 译. 北京: 中国经济出版社, 1999: 281.

$$[\mathrm{d}N_\mathrm{u}(t)/\mathrm{d}t]/N_\mathrm{u}(t) = \phi\{V_\mathrm{u}(t) - V_\mathrm{R}(t)/V_\mathrm{R}(t)\}, \quad \phi' > 0 \qquad (2\text{-}1)$$

其中，$N_\mathrm{u}(t)$ 表示 t 时刻城市劳动力供给总量，$\mathrm{d}N_\mathrm{u}(t)/\mathrm{d}t$ 表示 t 时刻从乡村到城市人口净流动量。$V_\mathrm{u}(t)$ 和 $V_\mathrm{R}(t)$ 分别表示表示城市和乡村 t 时刻后计划期内各期期望收入（工资）流 $Y_\mathrm{u}(t)$ 和 $Y_\mathrm{R}(t)$ 的贴现值之和。例如，若将 $t=0$ 时刻作为决策期（即决定是否流动），且设计划期为 $[0,n]$，$P(t)$ 为城市就业概率，那么

$$V_\mathrm{u}(0) = \int_0^n P(t) Y_\mathrm{u}(t) e^{-rt} \mathrm{d}t - C(0) \qquad (2\text{-}2)$$

式中，$C(0)$ 为人口流动成本；r 为贴现率。

$$V_\mathrm{R}(0) = \int_0^n Y_\mathrm{R}(t) e^{-rt} \mathrm{d}t \qquad (2\text{-}3)$$

城市就业概率与城市就业率成正比，而与城市失业率成反比。可表示为

$$P(t) = f[N_\mathrm{m}(t)/N_\mathrm{u}(t)], \quad f' > 0 \qquad (2\text{-}4)$$

式中，$N_\mathrm{m}(t)$ 表示 t 时刻城市部门的就业量；$N_\mathrm{m}(t)/N_\mathrm{u}(t)$ 表示城市就业率。$1 - N_\mathrm{m}(t)/N_\mathrm{u}(t)$ 就表示城市失业率。托达罗模型强调了决定城乡迁移的因素是"预期收入的差异"。

结合中国的实际情况，我们可以对以上几种人口转移理论做几点评述：刘易斯模型提到农业剩余劳动力向现代工业部门转移的过程中，假设农业劳动者不受干涉，自然会有向城市现代工业部门流动的趋势，但实际上，中国农村劳动力向城市流动的过程中，存在着一定的制度障碍，如户籍制度，它在一定程度上阻碍的农村劳动力的自由流动。刘易斯模型中对农业部门的忽视是其最大的缺陷，无论是从理论上还是实证上，如果没有农业的发展，城镇化是不可持续的。农业劳动力转移到城镇，前提条件是农村生产效率的提高能够释放出更多的劳动力资源，这也是本书提到的"推"的城镇化。拉尼斯-费景汉模型强调重视农业的重要性，探讨了工农

业之间的内在联系，这是值得肯定的。但是拉尼斯-费景汉模型也存在一些缺陷，比如城市如果没有产业作为支撑，也有可能存在失业问题，那么从农村转移到城镇的劳动力难以找到合适的工作。托达罗模型建立了人口迁移量同城市就业率和城乡收入差距之间的关联关系，城市就业率实际上与产业的集聚发展相关联的，产业集聚在一定程度上决定了农村人口转移到城镇后能够获得的就业机会和概率。

（二）土地城镇化与土地产权理论

土地城镇化表现为城市（城镇）建成区快速增长，土地的大量非农化。从产权变迁角度看，土地城镇化是土地产权的变迁过程❶，以土地所有权为基础，使用权、收益权和处置权等各种权利组成的权利束的变化。如果农村土地产权模糊，没有明确规定农村土地产权究竟归谁，法律对农民的土地财产权保护不到位，这样会导致农用地过度被征用，土地城镇化过快。

二、关联机制

农村人口向城镇转移以及城市空间规模的扩大是城镇化进程中相伴而生的两个维度，这两者之间具有内在的联系。人口向城镇转移和集中的过程，也是农业区甚至未开发区形成新的城镇，以及已有城镇向外围的扩展的过程。所以城镇化过程同时应是城镇用地增加、农村居民点用地减少的过程。随着中国城市化进程的进一步推进，更多的农村人口将会进入城市，会带来更多的需求——对居住的需求、对工作场所的需求等，所有这些需求都会导致城市面积的扩张，城乡建设用地之间发生相应的变化，即城镇的土地面积将会在一定程度上增加。

---

❶土地城镇化涉及土地产权的变化，即农村土地使用者转移到城镇土地使用者。

三、测度模型

（1）异速增长模型。城市化进程中人口和土地须保持一个合理的增速[1]，可以用如下异速生长方程表示为

$$\frac{1}{A(t)}\frac{\mathrm{d}A(t)}{\mathrm{d}t} = b\frac{1}{P(t)}\frac{\mathrm{d}P(t)}{\mathrm{d}t} \tag{2-5}$$

把等式（2-5）转化为

$$A(t) = aP(t)^b \tag{2-6}$$

如果把 $A(t)$ 和 $P(t)$ 同时一起放在双对数坐标系中时，两者存在如下线性关系：

$$\lg A(t) = \lg a + b\lg P(t) \tag{2-7}$$

其反方程为

$$P(t) = (A(t)/a)^{\frac{1}{b}} \tag{2-8}$$

式（2-8）中，$A(t)$ 为某城市在时间 t 的城市土地面积；$P(t)$ 为对应于 $A(t)$ 的城市人口数量；t 代表时间变量；a 为比例系数；b 就是这里提到的异速生长系数。

关于异速生长系数的数值范围在城市人口与土地面积增长阶段的划分对照见表2-1。

表2-1　异速生长系数的数值范围对比

范围	$b>1$	$b=1$	$b<1$
结论	负异速生长	同速生长	正异速生长
特征	人均用地面积随着人口规模的扩大而上升，它意味着城市土地利用的粗放利用	城市人口与城区面积同速增长，人均用地面积基本保持不变	人均用地面积随着人口规模的扩大而下降，反映出城市用地的规模经济效益

注：根据异速生长系数的数值范围进行总结。

[1] PORTUGALI J. Self-organization and the city[M].Berlin；Springer Verlag,2000.

城镇用地增长弹性系数。建设用地增长率与人口增长率的比值称为用地增长弹性系数，假设城镇用地增长弹性系数用E_N来表示，建成区面积用S来表示，城镇人口用P来表示，那么城镇用地增长弹性系数用E_N可以表示为

$$E_N = \frac{\Delta S}{S} \Big/ \frac{\Delta P}{P} \qquad\qquad (2-9)$$

式（2-9）中，$\dfrac{\Delta S}{S}$表示建成区面积增长率，$\dfrac{\Delta P}{P}$表示城镇人口增长率。根据国际城镇化发展的经验，土地城镇化的速度比人口城镇化的速度稍微提前一些是比较合理的，但是两者之间的差异过大或者过小都不太合适。一般来说，城镇用地增长弹性系数为1.12[1]较为合理。

四、协调发展

城镇化不仅表现为农村剩余劳动力向城镇转移，而且反映出了农村土地转为城镇用地的过程，因此城镇化实质上是人口与土地两个层次同步转型的过程。土地城镇化和人口城镇化要协调发展，只有在两者之间相互协调时，才能形成土地的合理利用，达到限制总建设用地过分增长、保护耕地的目的。土地城镇化快于人口城镇化或者人口城镇化快于土地的城镇化都会给城镇化建设带来一定的障碍。如果土地城镇化的扩张大大快于人口城镇化，说明一个国家（地区）城镇用地利用比较粗放，城市扩张得太快。可能会带来如下危害：第一，这样会使得农村的土地其至是耕地过快转化为城市建设用地，将会危及中国的粮食安全和农村经济的发展。第二，中国人多地少，土地是很稀缺的资源，土地城镇化快于人口城镇化，单位土地面积的经济活动和人口密度减少，就会出现了没有人气的新城、

---

[1] 马志刚. 中国城市用地增长弹性系数已超合理阈值[EB/OL]. (2013-03-30)[2018-06-12]. http://www.ce.cn/xwzx/gnsz/gdxw/201312/05/t20131205_1855587.shtml.

新区，土地资源没有得到充分的利用。同样，如果人口城镇化大大快于土地城镇化，人口在短期内迅速转移到城镇，这样会导致单位土地面积的经济活动和人口密度非常大，城市就会变得非常拥挤，也会带来一系列问题。

五、案例剖析

日本属于典型的人多地少的国家，由于国土狭窄、人口密集，开发空间有限，始终存在人口规模巨大与土地资源稀缺的矛盾，因此采用的是高度集中型的城市化道路。美国城镇化的空间战略经历了"紧凑和密集型—多个中心分散型—精明增长"的转变，说明城市土地是一种稀缺的资源，如果土地城镇化快于人口城镇化，就会出现低密度蔓延式城镇化模式，是对土地资源的浪费。我国香港的城镇化具有高密度、集约型发展的特征。香港的土地资源十分稀缺，这就要求城镇发展中必须提高土地使用效率，实现人口的有效聚集和土地的最优化利用。我国内地其他区域同样存在着城镇化进程中人口和土地的矛盾，人口城镇化和土地城镇化要协调发展，提高城镇土地使用效率。

第二节　土地城镇化与产业集聚

一、理论基础

（一）土地城镇化与土地集约利用理论

在城镇发展过程中，城镇土地作为投入要素表现出一种稀缺性，合理集约利用土地是实现城镇经济持续发展的重要保障，从产业集聚的角度来看，单位面积的城镇土地承载着最优规模的产业，能够实现土地集约利用。所谓土地集约利用❶，是指在单位土地面积上投入合理的生产要素，以达到土地收益最优化的经营方式。由于土地存在边际生产力递减的规律，单位土地上的投入要素是有限度和临界点的，当对土地连续投入资本和劳动力达到边际收益等于边际产出时，这一临界点就是土地利用的集约边界。城市土地集约利用实质上反映土地投入与产出的关系，即以最少的土地投入获得最高的土地产出。节约集约用地核心问题是如何在满足城镇对土地的需求，又要科学合理引导土地节约集约利用。❷

（二）产业集聚理论

从产业集聚形成的机制来看，可以通过梳理经典产业集聚形成机制❸理论进行进一步的归纳、阐述和总结，见图2-3。

1.区域自然要素

企业为了获得最大化的收益，需要尽可能的降低成本，其中也包括节省运输成本，不少产业在靠近自然资源的地方聚集❹，这些都处于区域自然要素。但是，随着经济的发展和交通的便利，这种区域自然要素在产业集聚中的作用逐步弱化。

2.外部经济

其一，人才聚集效应。当企业集聚在一起时，会形成人才库，从事相同或相近行业的人力资本集中在一起，形成人才集聚效应。其二，知识溢出效应。知识具有相互学习和模仿效应，多种产业集聚在一起，各企业的

---

❶ 土地集约利用的概念由大卫·李嘉图等古典政治经济学家在地租理论中首次提出，最早来源于对农业利用的研究。

❷ 王志成.柳州市土地集约利用评价及优化研究[D].武汉：华中农业大学，2009：15-20.

❸ 主要有亚当·斯密的专业化分工理论、韦伯的工业区位论、马歇尔的外部经济理论、杨格的规模报酬理论、克鲁格曼的新经济地理学，限于篇幅，本部分不做重点阐释。

❹ 金波,关海玲.产业集聚形成机制分析[J].山西高等学校社会科学学报，2005，17(3)：53-55.

专业技能通过各种渠道外溢到与之相邻企业或者有关联的企业。其三，相关延伸产业的支持。集群内的企业相互支持，获得要素、市场和专业化的服务。

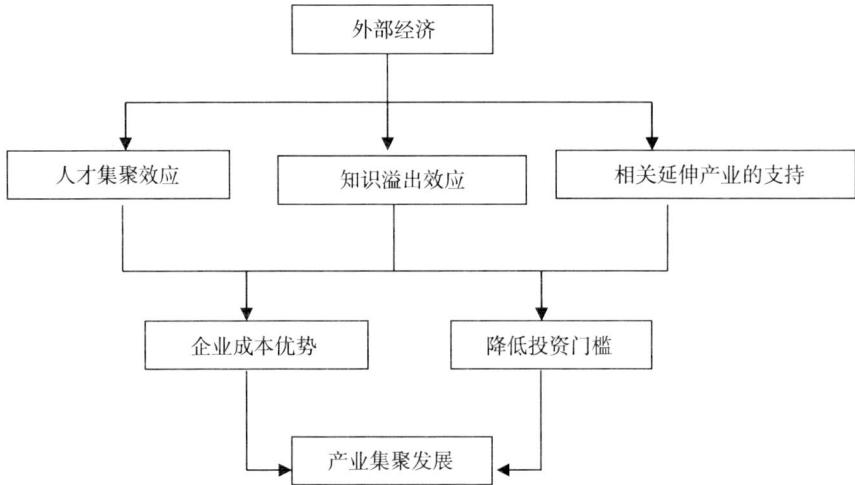

图2-3 外部经济促进集群发展机制

3.规模经济效应

主要表现为内部规模经济和外部规模经济。企业本身生产规模的扩大，分摊到每个产品上的固定成本（管理成本、信息成本、设计成本、科研与发展成本等）会越来越少，从而使产品的平均成本下降，体现为内部规模经济。企业数量的增加并集聚在一起时，能够共享集聚经济带来的好处，从而导致各个企业的平均生产成本下降，体现外部规模经济。

4.地域特色

主要体现为区域品牌和制度安排。一方面，许多区域由于形成了自己独特的区域品牌优势，具有一定的竞争力，使得相关企业进入，促进了产业集聚的形成。另一方面，地方独特的习俗、制度体系和意识形态也是吸引特定企业集中的因素。

二、关联机制

产业集聚拓展了城市土地空间。产业集聚是随着人口和企业在某一特定区域不断集中而逐步形成与发展的动态过程。由于某些特殊的原因，产业集聚在某一个区域，形成集聚经济效应，从而吸引更多的企业到集聚区内进行集聚。当企业的生产地确定后，会吸引人口集聚在此，生产规模的扩大，相关的基础配套设施逐渐完善，给人们的生活和企业的生产带来便利，如此良性循环，产业集聚规模逐渐扩大，城市土地空间扩展。产业集聚通过城市地理空间的拓展推动了城市化的发展进程。以中国为例，当前中国很多城市的工业园区向郊区迁移，于是带动了人口和产业向城市郊区转移，城市内部空间结构开始由单中心走向多中心和分散化，这种转移的趋势拓展了城市的地理空间，逐步推动着农村地区工业化和城市化进程。同时产业集聚优化了城市空间结构。在产业集聚发展的初始阶段，土地利用结构比较单一，随着产业集聚规模的不断扩大，会带动其他配套产业的发展，如商业区、居住区和工业区的分区发展，产业集聚促进了土地利用结构的多样化，优化了城市用地空间结构。

随着城市化进程的推进，城镇土地面积在一定程度上增加，产业集聚发展是依附在城镇土地上的。没有产业的集聚发展，土地城镇化扩张是没有意义的。随着企业在空间上的集聚，城市产业增长，在空间上表现为土地的边际产品提高，也意味着同一区位上的集聚企业能够承受的地租水平提高，必然会带动集聚企业规模的扩大。从长期来看还会吸引新的相关联的企业进入到这个城市，从而增加对城镇土地的需求，推动地租攀升。同时，产业集聚发展到一定程度，出现集聚不经济的时候，产业会向近郊迁移，这会导致城市空间向外围拓展，所以土地城镇化与产业集聚存在一定的关系。

图2-4中，R_h和R_a分别是产业竞租曲线和农业竞租曲线，R_h是初始的产业竞争曲线。随着城市产业集聚增长，产业竞争曲线从R_0向右上方移动到R_1，结果城市产业空间从u_0扩展到u_1。

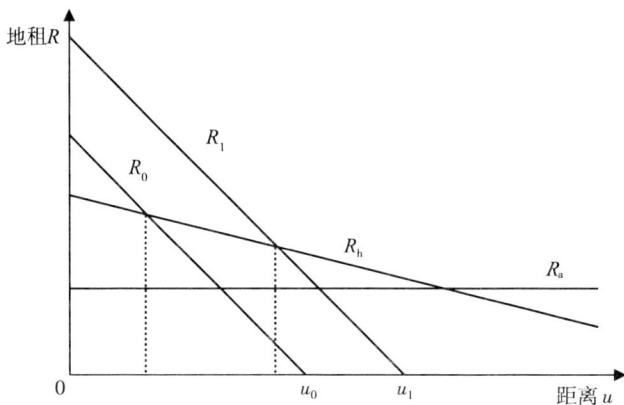

图2-4　城市产业集聚生长与城市土地空间扩张

三、动态演变

当土地城镇化快于产业集聚发展的速度，也就是城镇土地快速扩张，单位城镇土地面积的产值将会减少，稀缺的土地价值资源没有得到有效的发挥。产业是支撑城镇化持续发展的重要驱动力，盲目地推动项目建设和"造城运动"来扩大城镇土地面积会带来很大问题，难以实现城镇的可持续发展。当产业集聚发展快于土地城镇化的速度，单位面积上的土地投入超过了所带来的边际收益，在土地边际生产力递减规律的作用下，土地利用出现外部不经济，也就是产业集聚出现不经济的时候。集聚不经济的出现导致地价上涨、交通拥堵、环境恶化等问题。当集聚经济净效益为负时，产业集聚所带来的成本要高于聚集所带来的收益，企业效益下降，企业难以承担如此高的地租，于是促使厂商向近郊迁移。在此过程中城镇土地向外围蔓延式扩张，土地城镇化加快。

四、案例剖析

战后以来，日本城镇化进程中人口和产业高度集中三大都市圈❶，从城镇土地与产业集聚发展的角度来看，单位城镇土地面积上的产业过度集中。由于三大都市圈人口和产业过度集中，而中小城市经济密度不大，日本政府通过加大中小城市和农村地区基础设施建设，引导人口和产业向中小城市转移❷，使得土地城镇化和产业集聚协调发展。美国城镇化的空间战略经历了"紧凑和密集型—多个中心分散型—精明增长"的转变，在20世纪90年代以后，美国民众逐渐意识到过度分散和低密度扩张所带来的问题，提出了"精明增长"的概念，减少盲目扩张，实现土地城镇化和产业集聚协调发展。

第三节　人口城镇化与产业集聚

一、理论基础

（一）人口与产业集聚

人是生产经济活动不可或缺的要素，只有参与生存性活动的人口达到了一定数量，才可能成为一个产业，产业之间形成产业集聚，同时，产业集聚发展必须要有足够的消费群体来实现产品价值和扩大再生产，产业集聚规模的提高，要以大规模人口集聚为基础。

---

❶ 这三大都市圈指的是东京、大阪和名古屋，面积仅占日本国土面积的14.4%，但人口和国内生产总值占全国的50%以上。

❷ 魏后凯.东亚国家城镇化模式及其得失[EB/OL].（2013-01-20）[2018-06-12].http:// news.china.com/news100/11038989/2013 0120/17642578.html.

（二）就业与产业集聚

产业集聚作为一种有效的经济组织，其在形成和发展过程中需要劳动力资源，这就为就业提供了支撑。产业集聚在不断扩大和完善的过程中，不仅可以吸纳更多的劳动力，解决农村剩余劳动力的就业问题，而且为产业的发展和集聚提供智力支持。产业集聚区内拥有大量不同工作技能的劳动力，产业在城市集聚能够很快雇佣与之生产相匹配的劳动力，减少搜寻成本。

二、关联机制

（一）人口城镇化为产业集聚提供要素和市场

城镇化进程中的典型特征之一就是农村人口向城镇转移，城镇人口的增加。从产业集聚发展的角度来看，一定数量的人口为产业集聚发展发展提供必要的劳动力要素。同时，一定数量的人口为实现产品价值和扩大再生产提供了消费市场，消费具有乘数扩大效应，最终会传导给厂商引起集聚规模的扩大。

（二）产业集聚为人口城镇化带来就业的乘数效应

产业集聚规模的扩大，促进农村剩余劳动力向城市转移和带动就业。因此，产业集聚在给城镇人口提供就业机会的同时，也吸纳了大量的农村劳动力就业，并通过劳动力的转移实现人口城镇化。❶

（三）产业集聚是实现人口真正市民化的条件

要想让进城的农民和普通市民一样享受到同等的教育、医疗和社会保

---

❶ 王红伟.论产业转移背景下产业集聚区对就业的带动效应[J].商业时代,2011(19):99-100.

障，需要大量的财政投入，让有带动力的产业进入城镇，使得城镇财政收支增加，地方政府有财政能力为进城务工人员提供与城镇居民同等的医疗、教育、养老等公共服务，促进农民工市民化。

三、协调发展

城镇化建设要以产业发展为支撑，要实现产业与城镇建设融合发展。通过产业的集聚带动人口的集聚，人口的集聚推动产业的发展。一方面，产业集聚发展为进城农民工提供就业机会；另一方面，产业集聚通过技术知识溢出效应实现产业创新发展，给农民工提供与城市居民同等教育、医疗等公共服务，说到底这些都依赖于产业发展的支撑。改革开放以来，中国城镇化水平不断提高。但在推进城镇化进程中，一些地方不是根据地方经济及产业集聚支撑来推进城镇化，而是盲目扩大城镇规模，无法实现稳定的就业和城镇集聚发展，人口城镇化与产业集聚严重失调。因此，在城镇化进程中，要充分考虑到人口城镇化和产业集聚协调发展。

四、案例剖析

拉美国家的城镇化严重超前，二战后，工业化率变化不大，但城市化率快速发展，农村人口在短时间内以爆炸的速度进入城市，但城市的产业缺乏吸纳这些人口的能力，导致"过度城镇化"。❶拉美国家城市化教训表明，城镇化应该与产业集聚发展相协调，就业岗位的提供是农村人口流向城市的首要条件。中国在城镇化进程中要特别注意通过产业的集聚和支撑带动就业和城镇经济发展，使得从农村转移到城镇的人口能够安居乐业，

---

❶ 2010年城镇化率高达79.6%，仅次于北美的80.7%，位居世界第二，远高于欧洲的72.8%、大洋洲的70.2%、亚洲的39.8%和非洲的37.9%。在工业部门就业的人口比重为20%~30%，大约有1/4的城镇居民生活在贫民窟中，被称之为"过度城市化"。

这样城镇化才能健康发展，没有产业支撑的城镇化是不可持续的。所以中国城镇化要特别注意将城镇化与产业集聚紧密结合起来，走产业城镇化发展之路。

第四节　三者内在关系

一、三者协调发展

中国当前的城镇化存在一个突出问题，即土地城镇化快于人口城镇化。中科院遥感所课题组通过城市扩张卫星遥感制图表明，从2000年到2009年，中国城市的建成区面积从2.18万平方公里增长到4.05万平方公里。该课题组对其中人口大于50万的城市进行研究，结果显示，在此期间，城市建设用地年均增长率为7.01%，同期城市人口年均增长率为5.83%，与发达国家城市相比，中国城镇人口密度偏低，这与中国土地资源极度稀缺的国情严重不符。另一组数据表明，土地城镇化快于人口城镇化同样体现在占地规模上，1981年我国城市建成区面积7438平方公里，2016年城市建成区面积54331平方公里，增长了7.3倍。❶一般的数据比较是城市土地增长率与城市人口增长率相比较，认为人的增长大大低于土地的扩张速度，所以要人的城市化。实际上，城镇化也不能简单等同于"人的城镇化"，而应该是产业的集聚化。并不是让人都集中住在城镇，就是城镇化了。城镇化需要深入地考虑农民进城之后的就业、医疗、养老、教育等一系列社会问题，这些都需要产业作支撑。因此，要看产业集聚度、土地产出率是不是大幅度增长和提高。

---

❶ 吴志强.新型城镇化需严控特大城市盲目扩张[EB/OL].(2018-06-04)[2018-06-12]. http://www.xinhuanet.com/2018-06/04/ hc_1122931400.htm.

二、具体关联

（一）土地城镇化是人口城镇化和产业集聚的空间载体

农村人口城镇转移和产业的集聚发展都要以城镇土地为空间载体，因为土地城镇化和产业集聚是依附在土地上。它们三者又存在着动态的变化过程，即当人口城镇化和产业集聚的发展到一定程度后，一些人口和企业会向近郊迁移，在此过程中城镇对土地需求量不断增加。

（二）产业集聚是土地城镇化和人口城镇化的重要支撑

不管是城镇土地面积的扩大还是农村人口转移到城镇，如果没有产业支撑是没有意义的。例如，如果没有产业支撑，转移到城镇化的人口不能就业，也就不能在城镇生活和安居。事实上，如果城市人口的增加不与产业的集聚发展相协调，城市的发展会缺乏内生增长的后劲而难以为继。许多省区把"造城"当作是推动经济发展、提高城市化水平的主要突破口，其实不然，如果只是单纯地、人为地"造城"，没有产业和就业的支撑，所造的"城"是没有活力的。

（三）人口城镇化是土地城镇化和产业集聚的核心要素

在城镇建设用地的增加和产业集聚发展的过程中，人是最重要的核心要素，一座城市如果没有人的生产和经济活动，就谈不上城镇化的发展。人口城镇化是城镇化的结果和目的。城镇化的发展需要人的作用，同时城镇化的目的就是使更多的人口能够享受城市基础设施和城市文明。❶

---

❶ 刘英群. 中国城市化：经济、空间和人口[D]. 大连：东北财经大学，2011：106.

第五节 本章小结

　　本章从理论上分析了人口城镇化、土地城镇化和产业集聚两两之间的相互关系以及三者之间的内在关系。农村人口和劳动力向城镇转移以及城市空间规模的扩大是城镇化的表象特征,这两者之间具有内在的联系。人口向城镇集中,同时也是城镇用地增加、农村居民点用地减少的过程。随着城市化进程的推进,城镇土地面积在一定程度上增加,产业集聚发展是依附在土地上的,没有产业的集聚发展,土地城镇化扩张是没有意义的,所以土地城镇化与产业集聚存在一定的关系。城镇化进程中的典型特征之一就是农村人口向城镇转移从而导致城镇人口的增加,当农村人口转移到城镇后需要解决就业、安居等问题,这些都需要产业的发展。土地城镇化是人口城镇化和产业集聚的空间载体;产业集聚是土地城镇化和人口城镇化的重要支撑;人口城镇化是土地城镇化和产业集聚的核心要素。

第三章　城镇化进程中人口、土地及产业协调发展对城市经济发展的影响

本章分析了土地城镇化、人口城镇化及产业集聚协调发展对经济发展的影响。经济发展是一个比较宽泛的概念，不仅包含城镇经济的增长，更意味着城镇经济和社会生活质量的提高。基于此，本章主要从城市经济增长、社会发展和资源环境三者切入，既分析土地城镇化、人口城镇化及产业集聚协调发展对经济增长、社会发展和资源环境带来怎样的影响，也探讨三者不协调（土地城镇化、人口城镇化过快或过慢及产业集聚过高或过低）对城市经济增长、社会发展和资源环境带来的冲击和影响。

第一节　对城市经济增长的影响

一、三者协调发展对经济增长的影响

（一）土地、人口和产业集聚与城市经济增长模型

为了描述土地城镇化、人口城镇化及产业集聚这三者之间的关系，以科布-道格拉斯函数（简称C-D生产函数）为基准模型：

$$Y = AK^{\alpha}L^{\beta} \tag{3-1}$$

其中，Y代表城市产出，K和L代表资本和劳动投入；α和β分别表示

资本和劳动的产出弹性，$0<\alpha<1$，$0<\beta<1$；$A>0$代表技术水平。

Mills首先运用C-D生产函数分析城市经济增长问题后，运用C-D生产函数分析城市规模、人均产出和城市效率差异的研究越来越多，按照这一思路，对以科布-道格拉斯生产函数进行了进一步的扩展，在基准模型的基础上加入了反映土地资源的要素，模型变换为

$$Y = AK^{\alpha}L^{\beta}N^{\gamma} \tag{3-2}$$

其中N表示城市土地资源投入，γ表示城市土地资源的产出弹性$0<\gamma<1$，其他变量的含义与式（3-1）式相同。

为了进一步探讨产业集聚对经济增长的影响效应，需要对基准模型进行转换。为了以量化的形式表现产业集聚对经济增长的重要影响，把C-D生产函数改造为

$$Y = A_0 e^{\delta I} K^{\alpha_0 + \alpha_1 I} L^{\beta_0 + \beta_1 I} N^{\gamma_0 + \gamma_1 I} \tag{3-3}$$

其中，Y、K、L的含义同上；I是反映产业集聚水平的变量。资本K、劳动L和资源N的产出弹性表示为$\alpha_0 + \alpha_1 I$、$\beta_0 + \beta_1 I$和$\gamma_0 + \gamma_1 I$，是为了体现产业集聚对要素产出弹性的影响。将技术水平A表示为$A_0 e^{\delta I}$，也是为了体现产业集聚对技术进步或要素使用效率的影响。其中，A_0为常数，表示初始的技术水平。假设不考虑资本变量，即把资本投入看成一个常数，那么，城市的经济发展与土地、人口和产业集聚经济具有密切的联系。从上面的城市生产函数可以看出，土地、人口和产业集聚对城市经济的发展至关重要，但是这三者之间不是无序发展，而是相互协调的。

（二）三者协调促进城市经济增长

人口城镇化和产业集聚发展相协调，能有效解决农村剩余劳动力的就业，这样劳动力资源得到合理配置；人口城镇化和土地城镇化协调发展，使得土地资源能够得到合理开发和利用，从而促进城市经济增长。同时，产业集聚又是一种有利于创新产生、发展和扩散的组织形式，能够通过技

术和知识溢出效应带动经济增长。因此，土地城镇化、人口城镇化及产业集聚协调发展能够有效促进城市经济增长。

二、三者发展不协调对经济增长的影响

（一）人口城镇化与土地城镇化、产业集聚发展不协调

1. 最优城市人口规模与城市经济增长

对某个具体的城市而言，城市人口应该保持一定的规模，与土地城镇化和人口城镇化协调发展，这里引入"最优城市人口规模"的概念，借助 Ramsey[1]、Cass[2] 和 Koopmans[3] 的分析框架，构建数理模型探讨城市经济增长与城市人口规模的相互关系。[4]

（1）生产函数。

$Y(t)=F(k(t),L(t))$ 满足新古典增长模型的 Inada 条件，若资本的折旧率为 δ 且不考虑投资的调整资本，则

$$K^{'}=\mathrm{d}K(t)/\mathrm{d}(t)=Y(t)-C(t)-\delta K(t) \tag{3-4}$$

其中，t 代表时间，$C(t)$ 为 t 时刻城市总的消费水平，假设 α 和 β 分别代表 K 与 L 的生产弹性，有

$$\alpha=\frac{KF_{K}}{F},\ \beta=\frac{KF_{L}}{F} \tag{3-5}$$

（2）效用函数。

$L(t)$ 为 t 时刻城市的人口数量，假定城市的拥挤程度为人口数量 $L(t)$

[1] RAMSEY P F. A mathematical theory of saving[J]. Economic journal，1928，38(152)：543-559.

[2] CASS D. Optimum growth in an aggregative model of capital accumulation[J]. Review of economic studies，1965，32(3)：223-240.

[3] KOOPMANS T C. On the concept of optimal economic growth[M]. Amsterdam：North-Holland，1965.

[4] 国忠金. 具有内生人口规模的城市经济增长模型[J]. 泰山学院学报，2007(3)：30-32.

的函数，居住舒适度用 $h(L)$ 表示，假定 $h(L)$ 是城市拥挤程度的减函数，满足如下条件：$h'(L)<0$，$h''(L)<0$。效用函数为关于消费水平 $C(t)$ 与居住舒适度 $h(L)$ 的严格凹函数，表示为

$$U = U(C) + h(L)$$

并假设相对厌恶风险系数分别为

$$\eta = \frac{-CU''(C)}{U'(C)}, \quad \mu = \frac{-Lh''(L)}{h'(L)} \tag{3-6}$$

（3）优化问题及模型。

城市居民效用水平最大化可表示为

$$\max \int_0^\infty \left[\left[U(C) + h(L) \right] e^{-\rho t} \right] dt$$

$$\text{s.t.} K' = F - C - \delta K \tag{3-7}$$

效用最大化模型中 $0<\rho<1$ 为贴现率，通过构造拉格朗日乘子解优化问题得到现值函数为：$H = U(C) + h(L) + \lambda \left[F - C - \delta K \right]$

解优化问题的一阶条件和横截性条件为

$$K' = \frac{\partial H}{\partial \lambda} = F - C - \delta K \tag{3-8}$$

$$\frac{\partial H}{\partial C} = U'(C) - \lambda = 0 \tag{3-9}$$

$$\frac{\partial H}{\partial L} = h'(L) + \lambda F_L = 0 \tag{3-10}$$

$$\rho\lambda - \lambda' = \frac{\partial H}{\partial K} = \lambda \left[F_K - \lambda \right] \tag{3-11}$$

$$\lim \lambda(t) K(t) e^{-\rho t} = 0 \tag{3-12}$$

推导引理 1：如果令 $y = Y/K$，$x = C/K$，那么

$$\begin{cases} g_k = y - x - \delta \\ g_c = \eta - 1(-\rho - \delta + \alpha y) \\ g_x = g_c - g_K \\ g_y = (\alpha - 1) g_K + g_L \end{cases} \tag{3-13}$$

$$gk = K'/K = y - x - \delta$$

由式（3-9）知：$U'(C) = \lambda$，$\lambda' = U''(C)C'$，$\dfrac{\lambda'}{\lambda} = \dfrac{U''(C)C'}{U'(C)} = -\eta g_c$

又由式（3-11）知：$\dfrac{\lambda'}{\lambda} = \rho + \delta - F_K = \rho + \delta - \alpha y$，从而 $-\eta^{-1}g_c = -\rho - \delta + \alpha y$，即 $g_c = \eta^{-1}(-\rho - \delta + \alpha y)$。

由 $y = \dfrac{Y}{K}$ 知，$y' = \dfrac{Y'K - YK'}{K^2}$，$g_y = g_Y - g_K$。

又由式（3-5）知 $g_Y = \dfrac{Y'}{Y} = \alpha g_K + \beta g_L$，从而 $g_y = (\alpha - 1)g_K + g_L$。

同理由 $x = \dfrac{C}{K}$ 知：$g_x = \dfrac{x'}{x} = g_c - g_K$。

推导引理2：$g_L = (1 - \mu - \beta)^{-1}[\rho + \delta - \alpha x - \alpha \delta]$。

由式（3-10）知：$h'(L)L = -\beta U'(C)F$。

两边求导得

$$L'h'(L) + Lh''(L)L' = -\beta U''(C)C'F - \beta U'(C)\left[\alpha F g_K + \beta F g_L\right]$$

将上式变换得

$$\frac{L'}{L} + \frac{h''(L)L'}{h'(l)} = \frac{U''(C)C'}{U'(C)} + \alpha g_K + \beta g_L$$

$$g_L - \mu g_L = -\eta g_C + \alpha g_K + \beta g_L,\quad g_L = (1 - \mu - \beta)^{-1}\left[\alpha g_K - \beta g_c\right]$$

推出：$g_L = (1 - \mu - \beta)^{-1}\left[\rho + \delta - \alpha x - \alpha \delta\right]$。

通过引理1和引理2可描述模型的二维动力系统为

$$g_x = \eta^{-1}(\alpha y - \beta - \delta) - (y - x - \delta) \tag{3-14}$$

$$g_y = (\alpha - 1)(y - x - \delta) + (1 - \mu - \beta)^{-1}\beta(\rho + \delta - \alpha x - \alpha \delta) \tag{3-15}$$

非零均衡点的存在性与唯一性：

定义 (x^*, y^*) 为动力系统式（3-14）（3-15）的均衡点，即在该点满足

$g_x = 0$，$g_y = 0$ 在 $x - y$ 平面上，由 $g_x = 0$，即 $x = \dfrac{\eta - \alpha}{\eta}y - \delta + \dfrac{\rho + \delta}{\eta} = x_l(y)$

唯一确定一条直线。

由 $x = x_l(y)$，$g_y = 0$ 得 $(\alpha - 1)y = [\alpha - 1 - (1 - \mu - \beta)^{-1}\beta\alpha]x + (\alpha - 1)\delta + (1 - \mu - \beta)\beta(\rho + \delta - \alpha\delta) = y_l(x)$唯一确定一条直线 $y = y_l(x)$。

两直线存在唯一的交点即系统存在唯一的均衡解，且由 $g^*_x = 0$，$g^*_y = 0$ 得

$$\begin{cases} x^* = \dfrac{\rho + \delta}{\alpha} - \delta \\ y^* = \dfrac{\rho + \delta}{\alpha} \end{cases} \tag{3-16}$$

（4）动态均衡。

分析系统在均衡点 (x^*, y^*) 处的线性化Jacobi矩阵用 J 表示，那么

$$|J| = \left[(\eta^{-1}\eta - 1)\left(\frac{\alpha\beta}{1 - \mu - \beta}\right) - \eta^{-1}\alpha(1 - \alpha)\right]x^* y^* \tag{3-17}$$

优化问题存在唯一的最优增长路径，城市经济增长存在最优的人口规模。

因此，通过构建模型推导发现城市经济存在最优的城市的人口规模。在城镇化的初级阶段，城市人口规模会不断扩大，与土地的承载力以及产业集聚发展相协调，但随着人口规模超过土地承载力和产业支撑之后，会导致城市失业和拥挤，会打破这种平衡，直至回到人口、土地和产业协调发展的路径上来。

2.人口城镇化失调影响经济增长

人口城镇化过快影响经济增长。如果人口城镇化过快，大量的人口涌入城市，但是城镇产业吸纳的就业量小于转移的劳动力总量，这样就会导致一部分农村剩余劳动力无法就业，他们游离于城市和农村之间，没有归属感和存在感，在城市中存在着大量的贫困人口，对社会稳定构成了严重威胁，于是影响经济增长。

人口城镇化过慢影响消费和需求。一个城市的经济经济增长，很大程度上取决于消费和投资的拉动。就消费需求而言，人口城镇化过慢，转移

到城市的人口较少，这样会影响消费需求。就投资需求而言，投资需求是城市经济增长的主要驱动之一，按照凯恩斯理论，有效投资需求取决于三个因素：一个是人口增长；二是人们的生活水平；三是资本系数。用公式表示为：$K_D = V \times P \times Y$，其中 K_D 代表有效需求，V 代表资本系数，即每增加一单位的产出所要投入的资本单位，P 为人口增长率，Y 代表人民的生活水平。可见，在人们生活水平一定和既定的资本系数条件下，城镇人口数量的变化，可以影响有效投资需求的增减，从而影响城市经济的增长。[1]如果人口城镇化过慢，资本的有效需求难以提高，有效需求不足和导致经济低迷。

（二）土地城镇化与人口城镇化、产业集聚发展不协调

1. 土地城镇化过快影响经济增长

土地城镇化过快相伴的是土地的非农化趋势明显，这样会导致耕地面积减少，威胁中国的粮食安全。粮食是最基本的生存需要，粮食安全直接影响经济增长。同时，土地城镇化过快，过分注重城市建成区规模，把人都集中在城镇居住，这样会带来社会的不稳定和城乡关系的对立，从而影响经济增长。

2. 土地城镇化过慢影响经济增长

城市规模的扩大和发展会增加对城镇土地的需求[2]，土地和资本、劳动力一样，土地具有资产和资本属性，也是城市经济发展的重要的投入要素[3]，土地城镇化过慢，意味着土地资源没有达到最优和配置，从而影响经济增长。

---

[1] 才亚丽.武汉城市圈人口对经济发展的影响研究[D].武汉：中国地质大学,2009：7.

[2] 曾伟.土地资源对中国城市经济的影响效应研究[D].成都：西南财经大学,2013：22-36.

[3] 佟德龙,等.土地利用的生产要素对经济增长贡献测算——以湖南省常德市为例[J].国土资源科技管理,2008(4)：96-100.

（三）产业集聚度过高与土地城镇化、人口城镇化发展不协调

1. 产业集聚度过高影响经济增长

一个城镇的承载力是有限度的，如果产业集聚度过高，在达到一定的临界值后，产业集聚所带来的负效应就会显现出来，这些负效应可能导致产业集群发展缓慢，甚至衰退和消亡，不可避免会对城镇的经济增长带来负面影响。

2. 产业集聚度过低影响经济增长

产业集聚度过低，城镇产业不能够有效解决农村剩余劳动力的就业，城市内部存在着很大失业的现象，这样劳动力资源没有得到合理配置，从而影响经济增长。产业集聚通过产业间专业化分工与协作，从而提高整个产业的生产效率，但是产业集聚度过低，产业之间的关联度也相对较低，从而影响经济增长。

第二节　对城市社会发展的影响

一、三者协调发展对社会发展的影响

（一）保障粮食安全

在中国人口多、资源少的特定条件下，粮食问题始终是经济发展的重要问题，粮食安全是长期问题不是短期问题。城镇化的一个典型特征就是土地的非农化。如果土地城镇化和人口城镇化协调发展，就不会出现土地非农化过快的现象，从而使中国的耕地保持在一个相对合理的水平之上，此外从农村转移到城市的人口也与土地非农化相协调，农村不会在短时间

内出现劳动力资源短缺、留下老弱病残的情况，从而能够有效地保障中国粮食安全。

（二）有效促进农村剩余劳动力转移

城镇化就是要促进农村剩余劳动力转移到城镇。当人口城镇化、土地城镇化和产业集聚协调发展，使得人口转移到城镇后有生产和生活的空间，与此同时，产业集聚保持在合理的水平，能够提供就业岗位，从而有效促进农村剩余劳动力转移。

（三）维护社会稳定

如果人口城镇化和土地城镇化保持一个合理的水平，就不会出现大拆大建，"赶农民上楼"的情况，从而能够缓解城乡对立的关系。同时，城镇的产业能够给农民工提供充足的就业岗位，解决这一部分群体的就业问题，从而能够维护社会稳定。

二、三者发展不协调对社会发展的影响

（一）人口城镇化与土地城镇化、产业集聚发展不协调

1. 人口城镇化过快引发的社会问题

第一，失业与社会稳定。太多的农村人口涌入城市，超过了产业所能容纳的就业量，就会导致大量的失业。同时，广大农民在短时间内变为城镇常住人口，但城镇财政能力有限，无法提供如此庞大的城镇人口的就业、医疗和社会保险，使得转移到城镇的居民处于一种游离状态，他们没有归属感，使社会治安面临严峻的挑战和压力。

第二，物价上涨。如果人口城镇化过快，大量的农村人口涌入城市，当城镇人口短时间增加超过了一定的限度和规模，那么城市的基本消费就

会大大增加，与此同时农村人口减少了，在农业技术水平一定的情况下，供给的粮食、肉类等食物产量也就减少了。一方面是消费需求量增加；另一方面是供给量减少，物价水平就会上升。加上运输成本持续上涨，带动了CPI的攀升。从整个社会范围来看，城镇人口过快增加增大了运输、通信成本等，导致了第三产业产品价格的提升。城镇物价过快上涨带来了城镇居民生活质量的下降。

第三，农业生产动力不足。由于人口城镇化过快，大量农村青壮年劳动力外出务工，"空心村"现象成了当下许多农村的真实写照和典型特征。由于农业生产缺少青壮年劳动力，农业生产持续增长的动力不足。

第四，交通拥堵。由于人口城镇化过快，城市集聚了太多的人口，这样会增加城市的交通容量，同时购买私家车出行的人数也会增加，当超过一定的限度，就会带来交通的拥挤，增加了城镇居民的交通成本。

第五，房价飙升。由于大量的农村人口转移到城镇，对住房的刚性需求量增加，导致房价飙升。近年来，随着城市人口规模的不断膨胀，各城市房价水平普遍攀升，一些城市的房价已经大大超过居民的支付能力，这对城市人口的生活状况必将造成极大的影响。[1]

2.人口城镇化过慢引发的社会问题

人口城镇化过慢将会导致农村隐形失业严重，劳动力资源浪费。随着农业生产方式和组织方式的变革，农业生产效率得到了极大的提高，从农业中释放出了大量的剩余劳动力。[2]由于一系列的原因出现人口城镇化过慢，那么也就是说这一部分劳动力在农村处于闲置和半闲置状态，造成劳动力资源的浪费。

---

[1] 侯亮,吴永生.论城市房价与人口变动的互动关系——基于北京、深圳、成都数据的实证研究[J].北方经济,2009(8):11-12.

[2] 这一部分劳动力指的是从农业中分离出来而没有影响到农业产出的那部分边际生产力等于或小于零的劳动力。

（二）土地城镇化与人口城镇化、产业集聚发展不协调

1.城市土地最优利用决策

土地资源的稀缺性在任何一个城市（区域）都是客观存在的，合理、高效利用土地资源显得尤为重要，我们通过引入土地效用指数来构建城市土地最优决策模型，以此分析土地资源投入的社会效用。

（1）生产函数。

假设在时间 t 的资本、劳动力及土地投入要素的份额分别为 $K(t)$，$L(t)$，$1-R(t)$，其中 $R(t)$ 为土地效用指数，且 $0 \leqslant R(t) \leqslant 1$。那么生产函数为

$$Y(t) = F(K(t), L(t), 1-R(t)) = AK^{\alpha}(t) L^{\beta}(t) \left[1-R(t)\right]^{\gamma} \quad (3\text{-}18)$$

上式中，A 为技术水平，$0 < \alpha, \beta, \gamma < 1$，$\alpha + \beta + \gamma = 1$.

假定 $C(t)$ 为时间 t 的总消费，δ 为折旧率，则 t 时刻社会的净资本积累为

$$K'(t) = Y(t) - C(t) - \delta K(t) = AK^{\alpha}(t) L^{\beta}(t) \left[1-R(t)\right]^{\gamma} - C(t) - \delta K(t)$$
$$(3\text{-}19)$$

因受环境因素影响，假设劳动力满足 Logistic 分配，即

$$L' = aL - bL^2, \quad L(0) = L_0 \quad (3\text{-}20)$$

上式中，a 和 b 分别表示增长率和拥挤系数，且 $a > 0, b > 0$。

由式（3-20）可得 t 时刻的劳动力为

$$L(t) = \left[\frac{1}{L^*} + \left(\frac{1}{L_0} - \frac{1}{L^*}\right) e^{-at}\right]^{-1} \quad (3\text{-}21)$$

其中，$L^* = \dfrac{a}{b}$。

（2）效用函数。

假定社会的总效用由消费与土地效用指数得到，其效用函数为可加的

对数函数形式，表示为

$$U(C,R) = \theta_1 \ln C + \theta_2 \ln R \quad (\text{其中} \theta_i, \ i = 1,2 \ \text{为正常数}) \qquad (3\text{-}22)$$

（3）优化问题。效用最大化问题可表示为

$$\begin{cases} \max \int_0^\infty e^{-\rho t} [\theta_1 \ln C(t) + \theta_2 \ln R(t)] \, \mathrm{d}t \\ \text{s.t.} K'(t) = AK^\alpha(t) L^\beta(t) [1 - R(t)]^\gamma - C(t) - \delta K(t) \end{cases} \qquad (3\text{-}23)$$

其中，$0 < \rho < 1$ 为贴现率。

解决优化问题式（3-7）的现值 Hamilton 函数为

$$H = \theta_1 \ln C + \theta_2 \ln R + \lambda \left[AK^\alpha L^\beta [1 - R]^\gamma - C - \delta K \right]$$

其一阶条件及横截性条件为

$$H' = \frac{\partial H}{\partial \lambda} = AK^\alpha L^\beta [1 - R]^\gamma - C - \delta K \qquad (3\text{-}24)$$

$$\lambda' = \rho\lambda - \frac{\partial H}{\partial K} = \rho\lambda - \lambda \left[AK^{\alpha-1} L^\beta (1 - R)^\gamma - \delta \right] \qquad (3\text{-}25)$$

$$\frac{\partial H}{\partial C} = \frac{\theta_1}{C} - \lambda = 0 \qquad (3\text{-}26)$$

$$\frac{\partial H}{\partial R} = \frac{\theta_2}{R} - \lambda\gamma AK^\alpha L^\beta (1 - R)^{\gamma-1} = 0 \qquad (3\text{-}27)$$

$$\lim e^{-\rho t} \lambda(t) K(t) = 0 \qquad (3\text{-}28)$$

由式（3-10），$\lambda = \dfrac{\theta_1}{C}$，对 t 求导得到 $\lambda' = -\dfrac{\theta_1 C}{C^2}$，代入（3-8）式、（3-9）式与（3-20）式，构成描述模型的三维动力系统：

$$K' = AK^\alpha L^\beta [1 - R(K,C,L)]^\gamma - C - \delta K \qquad (3\text{-}29)$$

$$C' = C \{ \alpha AK^{\alpha-1} L^\beta [1 - R(K,C,L)]^\gamma - \rho - \delta \} \qquad (3\text{-}30)$$

$$L' = aL - bL^2 \qquad (K,C,L \in R_+^3) \qquad (3\text{-}31)$$

我们可以通过上面的公式推导土地效用指数的最优决策值，用 R^* 来表示，过程如下：

由公式（3-30）知：$\left[1 - R(K^*, C^*, L^*)\right]^\gamma = \dfrac{\rho + \delta}{\alpha A K^{*\alpha-1} L^{*\beta}}$，代入（3-1）式得

$$\frac{\left[1 - R(K^*, C^*, L^*)\right]^{1-\gamma}}{R(K^*, C^*, L^*)} = \frac{\gamma \theta_1 A K^{*\alpha} L^{*\beta}}{C^* \theta_2} \qquad (3\text{-}32)$$

由此得

$$\begin{aligned} R^* = R(K^*, C^*, L^*) &= \frac{\theta_2(\rho + \delta - \alpha\delta)}{\theta_2(\rho + \delta - \alpha\delta) + (\rho + \delta)\gamma\theta_1} \\ &= 1 - \frac{\theta_1(\rho + \delta)}{\theta_2(\rho + \delta - \alpha\delta) + (\rho + \delta)\gamma\theta_1} \end{aligned} \qquad (3\text{-}33)$$

假定影响土地效用指数其他因子不变的情况下，当大量的土地资源投入到生产中时，土地效用指数处于一个较低的水平，城镇化建设如果盲目地扩张土地，使得土地城镇化与人口和产业失调的情况下，土地效用指数会比较低，影响社会效用水平。

2.土地城镇化失调引发的社会问题

①粮食安全问题。土地城镇化表现为城市（城镇）建成区快速增长，土地的大量非农化。从产权变迁角度看，土地城镇化是土地产权从农村土地使用者转移到城镇土地使用者的过程。如果土地城镇化过快，农村土地大量的非农化，使得耕地减少，威胁中国18亿亩耕地红线，使中国原本人多耕地少的矛盾更加突出，给粮食安全问题带来了极大地挑战。②"被城镇化"带来的社会问题。土地城镇化过快带来的一个现象是有些地方不顾农民的意愿和合法权益，搞强制拆迁，把农民赶上楼，同时又没有足够的产业作为支撑来解决一部分农民的就业问题，而且也没有建立起这一部分群体的社会保障机制，农民失去了土地，长远生计得不到保障。

土地城镇化过慢引发的社会问题。①交通拥挤。如果土地城镇化过慢，意味着城市人口密度较大和产业集聚度较高。人口和产业的过度集中

超过城镇交通体系的载荷，就会出现交通拥挤的严重"城市病"问题。这样会大大增加居民出行时间成本，给城镇居民带来财富损失。②地价上涨。如果土地城镇化过慢，跟不上城镇人口和产业发展的速度和要求，土地资源变得极度稀缺，太多的人口和产业构成对城镇土地的强大需求，出现城镇土地需求相对旺盛、城镇土地供给相对不足的情况，这样会导致城市地价大幅度上升，从而引起居民住房价格飙升和企业成本增加。

（三）产业集聚与土地城镇化、人口城镇化发展不协调

1. 产业集聚度过高引发的社会问题

（1）城市病。产业集聚伴随着人口和产业规模的扩大。产业集聚度过高意味着人口和产业过度集中，这会给城市带来诸如资源紧张、交通拥堵和环境恶化等"城市病"问题。一个城市的资源、交通承载力和环境承载力在一定时期内是有限的，过高的产业集聚带来人口的集中，将会破坏城市系统的平衡，引发城市病。

（2）郊区城镇化蔓延。如果一个城市的中心城区产业集聚度很高，会导致中心城区公共交通和教育系统不堪重负、地价飙升、城市环境和社会治安恶化等问题，这样就会导致一部分人口、就业岗位和服务业从大城市中心向郊区迁移，另一方面，郊区自身具有的优势❶对人口和产业迁移产生很大的拉力。在中心城市的推力和郊区的拉力共同作用下，郊区城镇化开始蔓延，土地非农化的倾向十分明显，会使得城镇规模持续扩大和无序发展。过于分散、过于扩张、过于浪费土地资源的发展模式，带来了城市郊区的破损化，形成了跳跃式且零散化发展的空间，结果造成土地增长速度过快，如果不合理引导，带来一系列社会问题。

2. 产业集聚度过低引发的社会问题

农民工进城首先就要解决这部分群体的就业问题，城市产业集聚度过

---

❶ 良好的环境、低廉的土地成本和税收以及巨大的开发潜力等因素。

低，产业之间的相对关联和带动效应很弱，相对而言能够给转移到城镇的剩余劳动力就业机会就很少，这样就会导致一部分人没有工作岗位和就业机会，产业拉动和吸纳就业不足。如果进城的农民工得不到稳定的工作岗位，就会影响社会稳定。

第三节　对城市资源环境的影响

一、三者协调发展对资源环境的影响

（一）劳动力资源合理配置

土地城镇化、人口城镇化和产业集聚协调发展，一方面，产业集聚能够有效地支撑城镇就业，提供城镇居民就业岗位。另一方面，从农村转移到城镇的农村剩余劳动力能够通过产业支撑提供就业岗位，使得这一部分的剩余劳动力资源得到合理配置。

（二）土地资源集约利用

土地城镇化与人口城镇化、产业集聚协调发展，单位土地面积上集聚合适的人口和产业，使得土地资源能够得到合理的开发和利用。产业集聚带来经济增长，单位土地面积的产出率也保持在最优水平，确保土地资源能够集约利用。

（三）"人口—空间—环境"协调发展

当人口城镇化和土地城镇化协调发展，从农村转移到城镇的农民工有足够的生存空间，单位土地面积所集聚的人口处在相对合理的水平上，也就是说城镇土地为人口城镇化提供生产生活空间。当人口城镇化与产业集聚协调发展，从农村转移到城镇的农民工能够在城市就业和生活，不会出现大量失业现象。当土地城镇化和产业集聚协调发展，使得单位城镇土地面积产出率保持较高水平，不会出现土地利用的不集约。人口城镇化和土地城镇化、土地城镇化和产业集聚协调发展，就不会出现人口和产业过度集中，使得在一定时间内城镇的环境承载力比较协调。这样，当人口城镇化、土地城镇化和产业集聚协调发展，就会使得城镇的"人口—空间—环境"协调发展。

二、三者发展不协调对资源环境的影响

（一）人口城镇化与土地城镇化、产业集聚发展不协调

1. 人口城镇化过快引发的资源环境问题

（1）对城市环境的破坏。由于城市环境的人口容量基本上是不变的，人的直接需求带来环境压力的增加，一旦城市的人口数量超过城市环境的容纳量，就会破坏城市的生态系统，破坏城市环境。城市人口的过度增加会向大气中释放过多的热量和有害气体（如汽车尾气，使用煤炭时排放的气体等）会污染城市的空气，进而危害城市居民自身健康；人口过多，给环境监管也带来了一定的难度，人们排放的生产生活污水有的未经净化处理就直接排放到城市河道和下渗地下，使城市的水环境遭到污染；大量的小汽车、公共汽车等机动车辆在城市川流不息，喇叭声也响彻城市的大街小巷，再加之人们的喧闹声使得城市的噪声污染异常严重；大量的城市建设使城市的水泥地面不断增加，减少了城市的绿地覆盖率，同时居民排放的生活污水和垃圾使得城市土壤遭到破坏。

（2）资源紧张。已有研究表明，一个农村人口转入城镇，能源消耗将增加3.5倍，用电量增加3倍。与此同时，城镇化的提速，将伴随着城市能

源资源消耗的大幅增加。❶人口城镇化过快，人口比重上升，在人均消费水平不变或上升的条件下，将会导致城市物质总需求的急剧扩大，势必会对城市资源能源产生巨大的需求，而在一定时间内，城市资源能源供给基本不会出现大幅度的增加，这样就会导致矿产资源、能源以及土地、生物资源的需求会增加。资源能源出现短缺，价格攀升，对城市经济发展产生不利的影响。

2. 人口城镇化过慢引发的资源环境问题

土地闲置和低效利用：中国人多地少，土地资源稀缺，需要最大地发挥土地资源利用效率。人口城镇化过慢，会导致单位土地的人口密度较低，土地开发和产业发展缺乏足够的劳动力，单位面积土地产出率低，出现城镇土地资源闲置和低效利用。

（二）土地城镇化与人口城镇化、产业集聚发展不协调

1. 土地城镇化过快引发的资源环境问题

土地粗放式利用：土地城镇化速度过快，超过了最优人口规模和产业集聚水平，这样单位城镇土地上的人口和产业的集中度较低，与之相伴随的就是土地粗放式开发和经营。从当前的情况来看，中国一些地方在"土地财政"的利益驱动下，土地的利用十分粗放。中国的工业用地开发强度明显偏低，土地开发的空间结构调整与产业结构调整也还有许多不合宜之处，土地城镇化快于人口城镇化使得土地开发非集约化，过度依赖土地支持的城镇化是不可持续的。

2. 土地城镇化过慢引发的资源环境问题

环境承载力下降：对于一个城市而言，土地城镇化过慢意味着城市土地人口和产业过度集中，在一定条件下某一环境体系所能承载的人类数量

---

❶ 新型城镇化驱动新能源发展[EB/OL]. （2013-07-10）[2018-06-12].http://www.sxcoal.com/energy/3297715/articlenew.html.

及人类活动总量，既包括自然环境提供给人的各类有形的与无形的资源，还包括自然环境容纳和消化人类废弃物的能力。土地城镇化过慢，城市土地人口和产业过度集中，会超出该城市的环境承载能力，超出了环境承载力时会出现严重的环境问题。

（三）产业集聚与土地城镇化、人口城镇化发展不协调

1. 产业集聚度过高引发的资源环境问题

产业集聚与人口集中和城市化是相伴而生的。很显然，随着产业集聚度的增加，人口的过度集中，必将会超出该城市环境承载力，导致整个生态环境系统的破坏。[1]根据作者的研究，产业集聚对城市环境的影响存在着正效应和负效应。正效应包括技术效应、共生效应和规制效应；负效应包括扩张效应、密集效应和锁定效应。

（1）正效应（减少环境污染）。产业集聚对城市环境影响的第一个正效应可称之为技术效应。城市化通过产业集聚的技术溢出效应提高能源使用效率[2]，减少环境污染。由于技术效应存在边际技术递减的规律，所以在产业集聚程度较低的阶段，技术效应能够有效地改善城市环境，但随着产业集聚程度的增加，技术效应带来的改善城市环境的作用在逐步减弱。[3]第二个正效应可称之为共生效应。当前已有很多城市建设了生态工业园区，城市规划中也考虑了分区建设，将工业区与商业和居住区分开，这在一定程度上有利于资源综合利用以及废弃物的合理处置，从而改善环境质量。第三个正效应可称之为规制效应。产业集聚能够促进经济增长。随着人民

---

[1] HENDERSON V.The urbanization process and economic growth：the so-what question[J].Journal of economic growth,2003（8）:47-71.

[2] LUCAS R E.On the mechanics of economic development[J].Journal of monetary economics,1988, 22(1):3-42.

[3] LIU Y B.Exploring the relationship between urbanization and energy consumption in China using ARDL（autoregressive distributed lag）and FDM（factor decomposition model）[J].Energy，2009,34(11): 1846-1854.

收入水平的提高，环保意识增强，这将逼迫政府提高环保标准，制定严格的环境规制，有利于环境质量的提高。规制效应属于意识范畴，很难量化，其影响的效应也不是简单的线性关系。在早期阶段，经济发展水平较低，当地政府为了促进本地经济发展，往往会忽视城市环境的生态保护，在后期，随着人民收入水平的提高和环保意识的增强，可能会实施较严格的环境管制，从而有利于改善城市环境质量。

（2）负效应（城市环境污染增加）。产业集聚对城市环境影响的第一个负效应可称之为扩张效应。中国正处在工业化和城镇化加速发展期，生产的扩大和消费总量的上升，会导致污染物呈递增的态势增加。❶第二个负效应可称之为密集效应。以第二产业为主的城市生产方式比农业生产方式消耗更多的资源和能源，排放更多的废弃物和污染物。随着城市化和工业化步伐的加快，城市污染物的排放还会逐步增加，加之受城市空间所限，产业集聚所带来的污染排放是递增的。第三个负效应可称之为锁定效应。当前的环境质量会影响后期的环境质量，这种效应称之为锁定效应。污染密集型企业短时间内可能不会搬迁，会进一步加重当地城市环境污染，形成循环累积的环境负面效应。同时，当一个城市生态环境达到所能承载的环境容量时，环境恶化程度会进一步加剧。

就产业集聚对城市环境的正效应而言，技术效应和共生效应起主导作用。由于技术效应具有技术递减规律，所以产业集聚对城市环境的正效应呈现出以下特点：产业集聚程度较低的阶段，产业集聚能够有效地减少污染，但随着产业集聚程度的提高，产业集聚带来的减少污染排放的作用在逐步减弱。

就产业集聚对城市环境的负效应而言，扩张效应和密集效应起主导作用。由于扩张效应和密集效应都会导致污染排放物以递增的速度增加，所以产业集聚对城市环境的负面影响呈现出以下特点：产业集聚程度较低的

---

❶ 刘习平,宋德勇.城市产业集聚对城市环境的影响[J].城市问题,2013(3):9-15.

阶段，产业集聚所带来的污染排放量较少，但随着产业集聚程度的提高，产业集聚带来的污染排放量以递增的速度增加。

我们用横轴表示产业集聚，纵轴表示环境污染的变量（见图3-1）。产业集聚对城市环境的正效应是一条从左上方向下方倾斜的曲线，呈单调递减的趋势；产业集聚对城市环境的负效应从左下方向右上方倾斜，呈单调递增的趋势。因此，在这两种效应的综合影响下，产业集聚对城市环境的影响呈现出一条先递减然后递增的"U"型趋势。

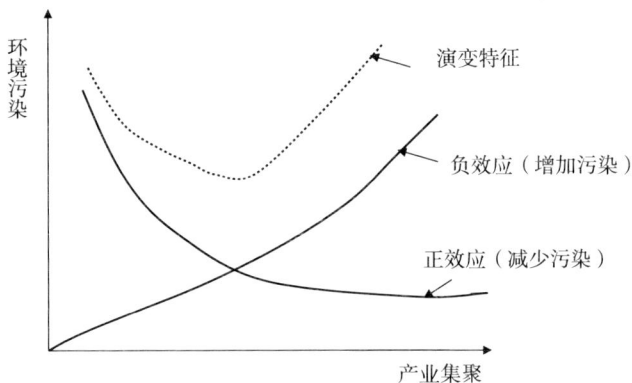

图3-1　产业集聚对城市环境的影响效应

2.产业集聚度过低引发的资源环境问题

（1）土地资源利用粗放。对于一个城镇而言，产业集聚度过低，也意味着单位城镇土地面积承载的产业较少，那么单位城镇土地GDP相对而言较少，中国面临着众多农村劳动力转移和产业支撑发展的客观现实。城镇土地资源极其丰富，城镇土地利用方式粗放，实质是土地资源的浪费。

（2）劳动力资源闲置和浪费。对于一个城市而言，产业集聚度过低，能够提供的就业机会和就业岗位相对较少，一方面会导致城镇居民失业增加，同时从农村转移到城镇的剩余劳动力也不能很好地就业，实际上是对劳动力资源的极大浪费。

第四节　本章小结

本章主要从城市经济增长、社会发展和资源环境三者切入，既分析了土地城镇化、人口城镇化及产业集聚协调发展对经济增长、社会发展和资源环境带来怎样的影响，也探讨了三者不协调（土地城镇化、人口城镇化过快或过慢及产业集聚过高或过低）对城市经济增长、社会发展和资源环境带来的冲击和影响。可以得出，土地城镇化、人口城镇化及产业集聚协调可以有效地促进城市经济增长、社会发展以及资源环境的改善。土地城镇化、人口城镇化过快或过慢及产业集聚过高或过低都会对城市经济增长、社会发展和资源环境带来负的影响。基于此，本章得出如下结论：土地城镇化、人口城镇化及产业集聚协调对促进城市可持续发展至关重要。

第四章　中国城镇化进程中人口、土地及产业发展现状和基本评价

本章主要介绍了中国土地城镇化、人口城镇化及产业集聚发展历程，并通过数据进行测算，分析了目前中国土地城镇化、人口城镇化及产业集聚发展的现状以及对当前城镇化发展的现状进行了基本评价。

第一节　中国土地城镇化、人口城镇化及产业集聚发展历程回顾

一、城镇化进程

（一）改革开放以前（1949~1978 年）——人口城镇化被人为控制的城镇化道路

1949~1978 年，这一阶段中国走了一条人为控制缓慢增长的城镇化道路，主要特征是通过严格的城乡户籍隔离制度来管理人口流动，农民被束缚在土地上，"自由迁徙"受到严格限制，在我国人口城镇化水平变动过程中打下了极其深刻的烙印，但是，政策控制也时有变化：1949~1952 年为国民经济恢复时期，1953~1957 年为工业化起步时期，中国开始了工业化建设，一些重点项目布局使一些新兴工业城市诞生。[1]1958~1960 年为

❶ 蔡秀玲. 中国城镇化历程、成就与发展趋势[J]. 经济研究参考,2011(63):28-37.

"爆发性"的工业化所引起的超高速城镇化阶段,强调赶英超美,使中国工业化和城镇化在脱离农业的基础上超高速发展,到1960年底,城镇人口比重达到19.7%。[1]1961~1965年为工业调整时期的第一次逆城镇化阶段,这种逆城镇化运动是对前一时期爆发性的超速城镇化所做的纠正。1966~1978年为工业化停滞时期的第二次逆城镇化阶段,这一时期,大量的城市知识青年上山下乡,大量的城镇人口流向农村,城镇化进程几乎中断。从总体上看,1978年以前,中国城镇化水平低、波动大,还经历了两次逆城镇化阶段,大大延滞了中国城镇化进程。

(二)快速发展时期的城镇化(1979~2002年)——人口城镇化加快阶段

党的十一届三中全会的召开,中国经济体制改革迅速推进,中国的城镇化取得了快速的发展。这一时期主要受中国经济体制改革迅速推进、国家城市发展政策正确导向的影响,使得1979~2002年中国城镇化快速发展。

1.农村改革推动阶段(1979~1984年)

党的十一届三中全会后,家庭联产承包责任制在农村推行,极大地鼓舞了农民的生产积极性,提高了农业生产效益,为城镇吸收更多的人口奠定了物质基础。与此同时,农村大力发展乡镇企业,新兴的小城镇迅速发展。这一阶段中国的城镇化取得了长足的发展,这一阶段主要是农村经济体制改革和农村工业化推动的城镇化阶段。

2.城镇经济体制改革推动阶段(1985~1992年)

这一时期,在城镇经济体制改革推动下,中国城镇化取得了一定程度的发展。乡镇企业异军突起,成为吸收农业剩余劳动力的重要力量,形成了"离土又离乡、进厂又进城"的小城镇化模式,城镇化水平由23.01%上升到27.46%。[2]

---

[1] 蔡秀玲.中国城镇化历程、成就与发展趋势[J].经济研究参考,2011(63):28-37.
[2] 同[1].

3. 市场经济体制推动阶段（1993~2002 年）

党的十四大确立了市场经济体制改革的路线，市场化改革成为中国城镇化发展的最强大驱动力。新一轮的工业化、城镇化全面推进。这一阶段也是中国城镇化水平提高最快的阶段。

（三）城镇化科学发展时期（2003~2010 年）——重视城镇化质量阶段

党的十六届三中全会提出了科学发展观，我国的城镇化也逐步顺应科学发展观的要求向前推进，开始追求城市与农村的经济、社会、人口、资源和环境的全面协调可持续发展。对城镇化速度进行合理的调整，城镇发展开始由数量扩张向品质提升转变。我国城镇化延续高速发展的势头，但速度有所调整，城镇化率平均每年提高约 1.07 个百分点，平均每年增长 2.3%。

（四）改革新节点城镇化时期（2011 至今）——"以人为本"新型城镇化阶段

在过去的城镇化进程中，"重物轻人"的城镇化发展模式暴露出了很多问题，城镇化的发展归根结底是要重视人的发展，城镇化的根据需要依靠人的力量，发展的过程中要体现以人为本，这涉及一系列亟待突破的改革。包括土地制度改革、户籍制度改革、行政体制改革、财税体制改革等。其中，土地制度改革和户籍制度改革的呼声最为迫切，通过这两项改革，将进一步打破农村和城市、农民和市民之间的藩篱。

二、与西方发达国家差异

（一）西方国家市场推动，而中国政府主导

从市场和政府的主导作用来看，西方发达国家的城镇化基本上都是由市场主导的发展进程。在发达国家城镇化的过程中，政府的作用被严格限

制在市场经济的"守夜人"角色上。不过,这期间也出现了土地纠纷、劳资矛盾和贫民窟问题突出等现象,这就为政府干预提供了理论和实践的基础。但是,尽管在市场失灵时,政府"有形的手"干预力度越来越大、干预的范围也越来越广,但其本质并未脱离市场主导的轨道。中国是以政府为主导的城镇化推进方式,能够集中大量的资本、人力和物力,调动多方面资源,在短时间内实现城镇化的发展目标。这种推进方式虽然在发展初期有其相对优势,但这种"大跃进"扩张式的城镇化缺乏持续发展的动力。

(二)西方国家农村人口总量少,中国农村人口总量多

西方国家如美国和加拿大国土面积与中国相当,但是它们的人口数量分别不到中国的1/4和1/40。2010年第六次全国人口普查中国总人口已经超过13.7亿人。据权威部门预测,中国人口峰值可能出现在2050年前后,那时中国总人口数将达到16亿,假设那时中国的城镇化率达到发达国家70%的水平,那么中国仍然有5亿人口生活在农村。❶因此,中国如此庞大的人口数量决定了在短期内无法达到西方国家高城市化率,而且农村不可能在短期内实现大范围内的规模化生产。

(三)西方国家循序渐进,而中国则以大跃进的形式推进

西方国家城市化是建立在高度工业化和农业生产效率提高的基础之上,这是一个渐进的过程,经历了较长时间的积累和过渡。中国的城市化则以大跃进的形式推进,改革开放以来,中国城市化率从17.9%迅猛推高到当前(截止到2016年)约57.35%的水平,发展的速度之快是任何国家不可比拟的,同时也积累了一系列的矛盾和问题。

---

❶ 刘奇.中国与西方国家城市化存五大差异[EB/OL].(2013-07-10)[2018-06-13]. http://www.ciudsrc.com/new_xinwenh/yaowen /2013-07-10/51036.html.

（四）西方国家人口自由流动，而中国人口流动受阻

世界主要发达国家对国内人口流动和迁移没有任何明文政策、规定和限制，公共福利和社会服务能够覆盖现住居民，但有不同形式的登记制度❶，人口流动相对是自由的。但是，中国却存在着城乡分割的户籍管理体制，在20世纪50年代中后期，中国逐渐明确并实施了严格的城乡户口分开的政策，并延续至今。不过在改革开放后，中国户籍政策已经有了整体性的微调，即允许农民可以进城打工、自由流动，但其农民身份并没有因为进城务工得到改变。当前，中国户籍制度正逐步放开，并提出各类城市具体的城镇化路径，但还是有很多限制。2013年6月26日，在第十二届全国人大常委会第三次会议上，国家发改委主任徐绍史在《国务院关于城镇化建设工作情况的报告》中称，我国将全面放开小城镇和小城市落户限制，有序放开中等城市落户限制，逐步放宽大城市落户条件，合理设定特大城市落户条件，逐步把符合条件的农业转移人口转为城镇居民。❷

（五）西方国家人口正在回流农村，而中国人口正在流入城市

西方国家的城市人口有向乡村和中小城镇回流的趋势，他们工作在城市，但生活在乡村。例如德国有40%多的人口生活在乡村，英国是28.9%，美国是22%、日本20%以上。❸中国目前人口正在逐步流入城市，随着农村生产效率的提高，越来越多的农村劳动力涌入城市，同时城市能

---

❶ 郑真真. 发达国家人口流动的现状及其相关政策[EB/OL].（2005-08-26）[2018-06-13]. http://ido.3mt.com/pc/200508/2005082 6147004.shtm.

❷ 中国户籍制度改革与城镇化进程[EB/OL].（2009-12-29）[2018-06-13].http://news.xinhuanet.com/ziliao/2009-12/29/ content_12721147.htm.

❸ 刘奇. 中国与西方国家城市化存五大差异[EB/OL].（2013-07-10）[2018-06-13]. http://www.ci-udsrc.com/new_xinwenh/yaowen/2013-07-10/51036.html.

获得更多的资源、享受到更多的公共消费也是吸引农村人口流向城市的主要原因。

三、典型特征

（一）政府主导的城镇化

中国政府主导的城镇化与国外发达国家市场主导的城镇化道路具有明显的差异，主要表现在中国的城镇化基本上是在政府主导的情况下进行的。这种模式带来的弊端也日渐暴露，如目前中国城镇化过程中出现的强制征地拆迁等诸多问题，与政府主导而非市场主导的城镇化发展模式有着直接的关系。

中国的城镇化推进过于依赖政府主导，地方政府热衷于扩大城市规模，造成了对土地资源的低效利用。2016年全国的土地出让金达到37457亿元，占地方财政收入的比重为42.96%。从图4-1可以看出，从2010年之后，随着国家对土地出让政策的干预和调控，土地出让金占地方财政收入的比重有所下降，但仍然比较高。

（二）土地城镇化快于人口城镇化

图4-2为中国1997~2016年若干特大城市用地（建成区）面积及扩张情况，可以看出，中国若干特大城市建成区面积扩张迅速。从1997~2016年20年间，上海、北京、广州、天津、南京、杭州、重庆、西安等城市建成区面积扩张非常之快。❶

---

❶ 姚士谋,等.中国城镇化需要综合性的科学思维——探索适应中国国情的城镇化方式[J].地理研究，2011,30(11):1947~1955.

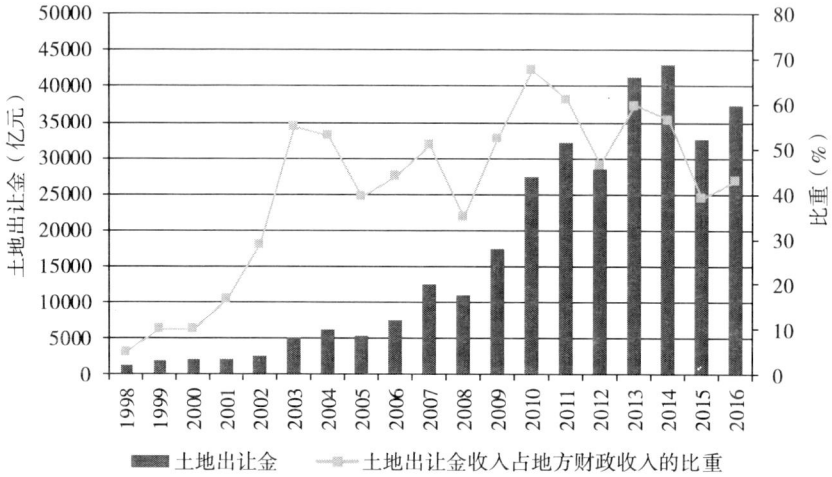

图4-1 1998~2016年土地出让金及土地出让金占地方财政收入的比重

数据来源：根据国土资源部数据进行整理。

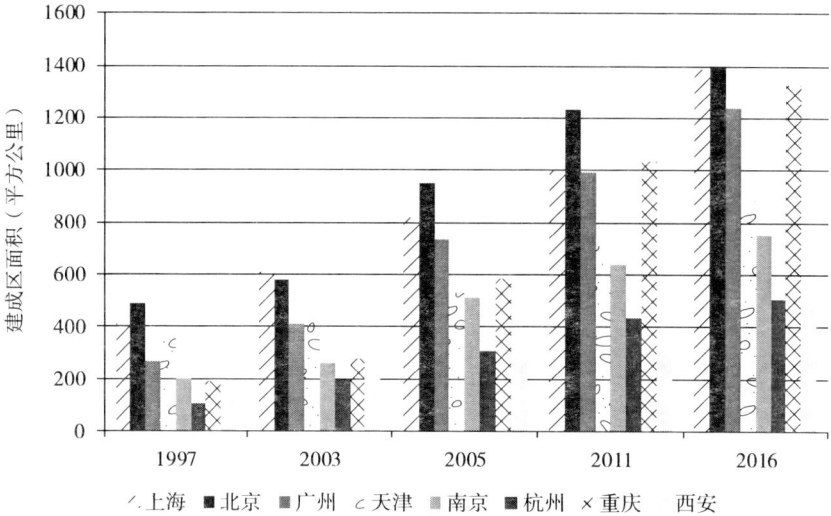

图4-2 1997~2016年若干城市建成区面积扩张情况

从图4-3可以看出，1997~2016年20年间，这些城市的建成区面积至少扩大两倍以上，有的甚至高达六倍以上，其扩张态势非常迅猛。目前各地出现的所谓城市化，其实是"化地不化人"，完全违背中国地少人多、

大部分农村人口人均收入较低的国情。❶

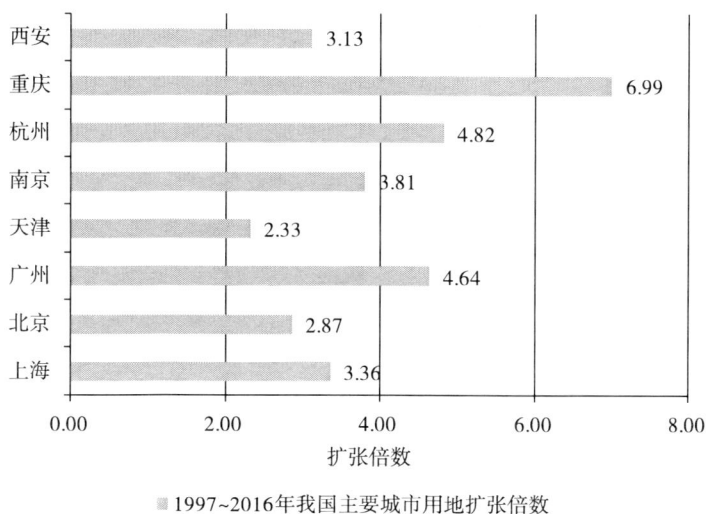

图4-3　1997~2016年若干城市建成区面积扩张倍数对比图

（三）城镇化滞后于工业化

世界上工业化与城镇化发展主要存在着三种关系：第一种关系，城镇化与工业化同步发展，如美、日、欧等发达国家大多属于这个模式；第二种关系，城镇化速度高于工业化速度，如巴西、阿根廷等拉美国家属于这个模式，这些国家出现了贫民窟和严重的城市病；第三种关系，城镇化滞后于工业化，如中国属于这个模式，主要表现为城市工业发展未起到吸引大量农村劳动力向城市转移的作用，导致城市人口增长缓慢。根据世界银行网站公布的数据，2010年中国的城镇化率和工业化率分别为49%和47%。据此计算的城镇化率和工业化率的比值为1.04；而2010年全球平均的城市化率为50.9%，而工业化率不过26.1%，全球城镇化率和工业化率两率的平均比值是1.95。中国的城镇化率与全球的平均水平大体相当，但工业化率相对全球平均水平高出了近一倍，见表4-2。无论从城镇化一般

---

❶ 文贯中.城市化：从外生型到内生型的转变[J].新产经,2013(1):27-30.

规律，还是从国际比较来看，中国城镇化明显滞后于工业化发展。

表4-2 2016年主要国家城镇化率与工业化率

指标 \ 国家	城镇化率（%）	工业化率（%）	城镇化率与工业化率的比值
美国	82	29.4	2.79
德国	76	27.6	2.75
英国	83	18.6	4.46
日本	94	25.2	3.73
巴西	86	18.5	4.65
俄罗斯	74	30.0	2.47
南非	66	25.9	2.55
印度	34	26.2	1.30
中国	57	40.5	1.41
全球平均	54.29	25.4	2.14

数据来源：世界银行网站数据。

从图4-4的纵向比较来看，2016年美国的城镇化率与工业化率的比值为2.79，英国为4.46，日本为3.73，德国为2.75，这些国家的城镇化率远远高于工业化率。"金砖五国"中的巴西、俄罗斯、南非、印度和中国，城市化率与工业化率的比值也分别达到4.65、2.47、2.55、1.30和1.41，与之相比，中国城镇化滞后于工业化，城市工业发展在吸引大量农村劳动力向城市转移的作用发挥不充分，人口城镇化相对滞后。

（四）城镇规模的多样化

中国幅员辽阔，人口规模结构不同，城镇体系具有多样化的特征，即大中小城市和小城镇共存。客观上，中国存在着不同规模的城镇，要发挥不同规模的城镇在促进农村人口转移中的作用，同时又要关注城镇内在发展的质量。片面发展任何一种规模的城市，都会使得城市体系变得不协调。事实上，中国大中小城市与小城镇各自承担着不同功能，可以优势互补，应有重点、有区别的发展不同规模的城市。大城市集聚经济明显，是社会化大生产的高密度载体，面对繁重的城镇化任务，中国需要有大城市作为支撑。目前大城市虽然对进城农民工具有很强的吸引力，但普遍面临资源环境承载能力的限制。大城市出现的"城市病"问题，在中小城市还没有显现，这是中小城市的优势。小城镇吸纳就业能力和聚集效益低于大中城市，但进入门槛较低，居民生活成本较低。因此，大城市空间上的辐射带动作用要充分发挥，中等城市要体现支撑作用，小城镇发展要起到过渡和梯度转移作用。

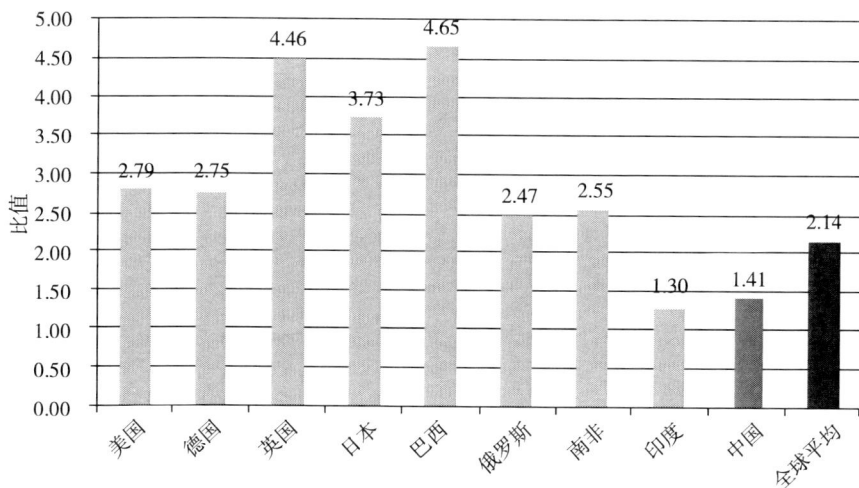

图4-4　2016年主要国家城镇化率与工业化率比值

数据来源：根据世界银行网站数据进行整理。

（五）"候鸟式"人口迁移和"伪城镇化"

截至2016年底，中国人口城镇化率提高到57.35%，达到世界平均水平，见表4-3，其统计口径是按常住人口来统计的。❶如果按户籍人口统计，我国有高达3亿左右农民工并没有完全市民化，没有享受到城市提供

---

❶ 指常住人口城镇化率。

的公共服务。❶

表4-3 1978~2016年常住人口和户籍人口城镇化率

年份	常住人口城镇化率（%）	户籍人口城镇化率（%）	常住人口与户籍人口城镇化率差
1978	17.92	15.82	2.10
1979	18.96	16.40	2.56
1980	19.39	16.92	2.47
1981	20.16	17.21	2.95
1982	21.13	17.12	4.01
1983	21.62	17.25	4.37
1984	23.01	18.26	4.75
1985	23.71	19.15	4.56
1986	24.52	18.69	5.83
1987	25.32	18.52	6.80
1988	25.81	19.10	6.71
1989	26.21	19.23	6.98
1990	26.41	19.45	6.96
1991	26.94	20.12	6.82
1992	27.46	20.85	6.61
1993	27.99	21.45	6.54
1994	28.51	22.23	6.28
1995	29.04	22.35	6.69
1996	30.48	23.56	6.92
1997	31.91	23.89	8.02
1998	33.35	23.85	9.50
1999	34.78	23.98	10.80

❶ 户籍人口城镇化率只有35.30%。

续表

年份	常住人口城镇化率（%）	户籍人口城镇化率（%）	常住人口与户籍人口城镇化率差
2000	36.22	24.12	12.10
2001	37.66	24.58	13.08
2002	39.09	25.12	13.97
2003	40.53	26.38	14.15
2004	41.76	26.45	15.31
2005	42.99	28.35	14.64
2006	44.34	31.12	13.22
2007	45.89	31.89	14.00
2008	46.99	32.56	14.43
2009	48.34	33.78	14.56
2010	49.95	34.25	15.70
2011	51.27	34.78	16.49
2012	52.57	35.30	17.27
2013	53.70	35.70	18.00
2014	54.77	37.10	17.67
2015	56.10	39.90	16.20
2016	57.35	41.20	16.15

数据来源：根据1978~2016年《中国统计年鉴》数据整理。

由于城乡户籍二元结构的限制，农民工虽然在城市工作和生活，但户籍上是农民身份，不能平等享受城市一系列的政策和福利待遇。农民工在住房、子女教育、医疗、养老保险等方面都不能与城市居民相比。以社会保险参与率为例，2008~2014年，农民工在工伤保险、医疗保险、养老保险、失业保险以及生育保险方面的参保率普遍都很低，全部低于30%。其中工伤保险相比而言最高，在20%以上；生育保险最低，只有5%左右，见图4-5。

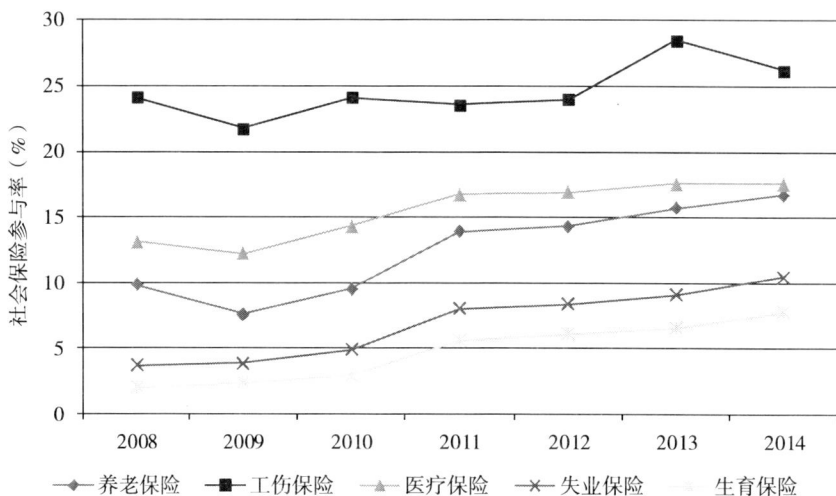

图4-5　2008~2014年农民工社会保险参与情况

数据来源：2008~2014年农民工监测检查报告，对于农民工社会保险参与情况只统计到2014年。

　　所以中国的城镇化率实际上可能只有41%左右。中国一个独特的现象是，每年农民工在年前大量离开去城镇就业，到年后大量回城，这种"候鸟式迁徙"导致了"半拉子"城镇化的局面。由于城乡户籍管理等体制原因，中国目前的城市化还很不彻底，出现了大量半城市化的城乡两栖人口。这些两栖人口一部分已经摆脱了对农田和农村宅基地的依赖，融入城镇生活中，但是由于户籍管理体制等原因，他们在农村拥有的宅基地和农田被大量闲置，造成了全国土地宏观层面的低效利用和浪费。

第二节　中国土地城镇化、人口城镇化及产业集聚发展现状

一、土地城镇化快于人口城镇化

　　关于土地城镇化速度与人口城镇化速度的衡量和比较，可以用城镇用

地增长弹性系数来测度❶，扬·盖尔在《交往与空间》(*Communication and Space*)一书中提出❷：建设用地增长率与人口增长率之比称为用地增长弹性系数，用公式表示：城镇用地增长弹性系数=建成区面积增长率/城镇人口增长率。国际公认的城市用地增长弹性系数为1.12❸较为合理。

　　一些学者采用城镇用地增长弹性系数的计算方法对中国土地城镇化与人口城镇化速度进行了测度。王前福指出中国1998~2005年城市用地增长弹性系数为2.1，特大城市平均高达2.9，说明中国城市用地规模过度膨胀，用地增长速度大大高于城市人口增长速度。❹戴中亮等通过计算1990~2007年间中国城市人口增长与用地增长的比例，得出中国多数城市用地增长明显过快和城镇人口滞后增长的结论。❺国土资源部副部长胡存智在《2012中国城镇化高层国际论坛》中对此标准进行引用，并指出要高度警惕中国城市发展中土地城镇化过快的现象。❻张玉泽、任建兰指出，2000~2013年间，我国城市用地增长弹性系数大多数年份均高于1.12水平，并且上述数据采用政府统计数据，考虑到统计中的误差和人为因素，真实的城市用地增长弹性系数只可能更高于这个数值。❼从区域来看，王雨岑、夏敏对江苏省13个地级城市用地扩张与人口增长之间的关系进行了定量分析。结果表明，江苏省城市用地扩张与人口增长的协调性较弱，呈现土地快速扩

---

❶ 国际广泛认可的城镇用地增长弹性系数来测度。

❷ 盖尔.交往与空间[M].何人可,译.北京:中国建筑工业出版社,1992.

❸ 马志刚.中国城市用地增长弹性系数已超合理阈值[EB/OL].(2013-03-30)[2016-06-15]. http://www.ce.cn/xwzx/gnsz/gdxw/201312/05/t20131205_1855587.shtml.

❹ 王前福.城市化发展与土地资源可持续利用[J].山东国土资源,2006(11):49-52.

❺ 戴中亮.城市化与失地农民[J].城市问题,2010(1):96-101.

❻ 2012中国城镇化高层国际论坛[EB/OL].(2012-03-25)[2016-06-15]. http://finance.sina.com.cn/hy/20120325/1156116h72004.shtml.

❼ 张玉泽,任建兰.中国新型城镇化发展路径创新——基于人地协调视角[J]. 现代经济探讨,2017(1):28-32.

张态势。[1]赵庆海、刘合林以2006~2012年山东省的数据样本为研究对象，发现研究期内城镇用地增长弹性系数为1.94，表明山东省土地城镇化明显快于人口城镇化，两者呈现显著不协调状态。[2]

（一）国家整体层面考察

从建成区面积来看，表4-4是中国1985~2016年建成区面积及增长率。1985年中国的建成区面积为9386平方公里，到2016年，中国的建成区面积达到54331.5平方公里，相比于1985年，中国的建成区面积扩大了5.79倍。扩张非常之快，年均增长6.25%。

表4-4 1985~2016年建成区面积及增长率

年份	建成区面积（平方公里）	比上年增长（%）	年份	建成区面积（平方公里）	比上年增长（%）
1985	9386.00	—	2006	33659.80	3.50
1990	12856.00	—	2007	35469.65	5.38
1995	19264.00	—	2008	36295.30	2.33
1998	21380.00	—	2009	38107.26	4.99
1999	21525.00	0.68	2010	40058.01	5.12
2000	22439.00	4.25	2011	43603.23	8.85
2001	24027.00	7.08	2012	45565.76	4.50
2002	25973.00	8.10	2013	47855.30	5.02
2003	28308.00	8.99	2014	49772.60	4.01
2004	30406.19	7.41	2015	52102.30	4.68
2005	32520.72	6.95	2016	54331.50	4.28

数据来源：历年《中国统计年鉴》。

---

[1] 王雨岑,夏敏.快速城镇化地区城市用地扩张与人口增长的协调性研究——以江苏省为例[J].江西农业学报 2015,27(1):100-103.

[2] 赵庆海,刘合林.山东省土地城镇化与人口城镇化协调发展对策研究[J].电子科技大学学报（社科版）,2018,20(1):1-9.

可以看出，从2000~2016年，中国建成区面积的增长率呈现出一定的波动，这与中国的经济发展形势和国际国内经济发展环境是密不可分的。如2008年经济危机，中国的建成区面积增长率最小，为2.33%，随着"十二五"时期中国提出以人为本的城镇化，特别关注中国城镇建设用地的扩张规模，2012年城镇建成区面积相比于2010年和2011年，增长率有所下降，近几年基本稳定在4%左右。如图4-6所示。

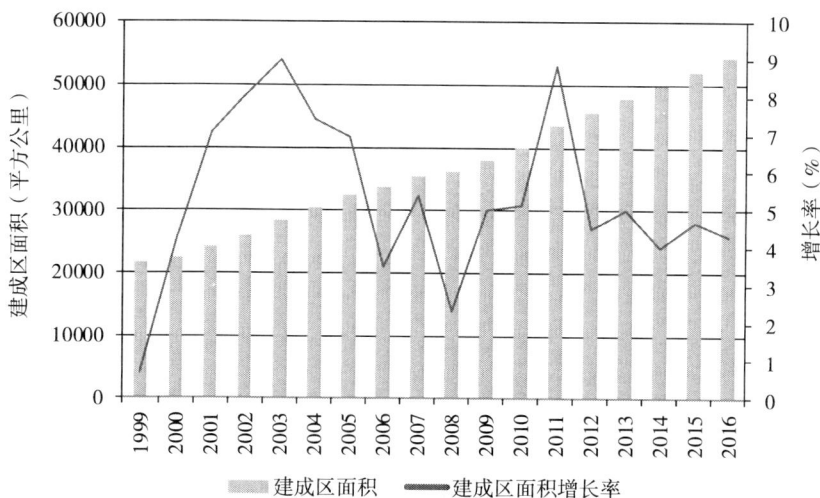

图4-6 1999~2016年建成区面积及增长率图示

数据来源：国家统计局网站《中国统计年鉴》。

从城镇人口的角度来看，1978年中国城镇人口为17245万人，到2012年中国的城镇人口达到71182万人，年均增长4.26%，2012年城镇人口是1978年的4.13倍。中国的城镇化率从1978年的17.92%上升到2012年的52.57%，达到世界平均水平，2016年中国城镇人口79298万人，城镇化率达到57.35%，见表4-5。

表4-5 1978~2016年总人口、城镇人口及城镇化率

年份	总人口（万人）	城镇人口（万人）	农村人口（万人）	城镇化率（%）
1978	96259	17245	79014	17.92
1979	97542	18495	79047	18.96

年份	总人口（万人）	城镇人口（万人）	农村人口（万人）	城镇化率（%）
1980	98705	19140	79565	19.39
1981	100072	20171	79901	20.16
1982	101654	21480	80174	21.13
1983	103008	22274	80734	21.62
1984	104357	24017	80340	23.01
1985	105851	25094	80757	23.71
1986	107507	26366	81141	24.52
1987	109300	27674	81626	25.32
1988	111026	28661	82365	25.81
1989	112704	29540	83164	26.21
1990	114333	30195	84138	26.41
1991	115823	31203	84620	26.94
1992	117171	32175	84996	27.46
1993	118517	33173	85344	27.99
1994	119850	34169	85681	28.51
1995	121121	35174	85947	29.04
1996	122389	37304	85085	30.48
1997	123626	39449	84177	31.91
1998	124761	41608	83153	33.35
1999	125786	43748	82038	34.78
2000	126743	45906	80837	36.22
2001	127627	48064	79563	37.66
2002	128453	50212	78241	39.09
2003	129227	52376	76851	40.53
2004	129988	54283	75705	41.76
2005	130756	56212	74544	42.99
2006	131448	58288	73160	44.34
2007	132129	60633	71496	45.89
2008	132802	62403	70399	46.99
2009	133450	64512	68938	48.34

续表

年份	总人口（万人）	城镇人口（万人）	农村人口（万人）	城镇化率（%）
2010	134091	66978	67113	49.95
2011	134735	69079	65656	51.27
2012	135404	71182	64222	52.57
2013	136072	73111	62961	53.73
2014	136782	74916	61866	54.77
2015	137462	77116	60346	56.10
2016	138271	79298	58973	57.35

数据来源：国家统计局网站《中国统计年鉴》。

图4-7反映了1978~2016年总人口、城镇人口及城镇化率的变动趋势，可以直观地看出这一时期各指标的变动情况。

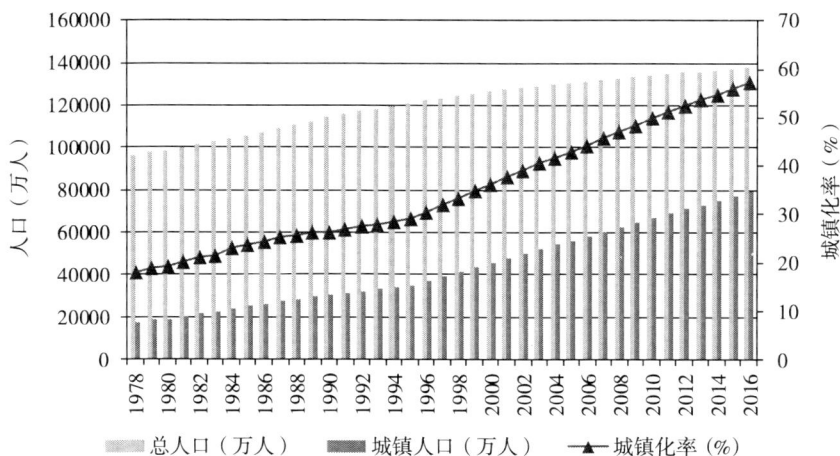

图4-7　1978~2016年总人口、城镇人口及城镇化率的变动趋势

数据来源：国家统计局网站《中国统计年鉴》。

我们可以从两个角度来分析土地城镇化和人口城镇化的速度。第一个角度从建成区面积增长的倍数和城镇人口增长的倍数来看，通过计算，到2016年中国的建成区面积是1985年的5.79倍，而2016年城镇人口是1985年的3.16倍，两者相差2.63倍，这说明中国的土地城镇化快于人口的城镇化。

同时，我们可以用城镇用地增长弹性系数来测度土地城镇化和人口城镇化的速度。从2000~2016年，中国绝大多数年份建成区面积增长率都大于城镇人口增长率，见表4-6。

表4-6 2000~2016年建成区面积增长率、城镇人口增长及城镇用地增长弹性系数

年份	建成区面积增长率（%）	城镇人口增长率（%）	建成区面积增长率与城镇人口增长率的差额（%）	城镇用地增长弹性系数
2000	4.25	4.93	−0.68	0.8621
2001	7.08	4.70	2.38	1.5064
2002	8.10	4.47	3.63	1.8121
2003	8.99	4.31	4.68	2.0858
2004	7.41	3.64	3.77	2.0357
2005	6.95	3.55	3.40	1.9577
2006	3.50	3.69	−0.19	0.9485
2007	5.38	4.02	1.36	1.3383
2008	2.33	2.92	−0.59	0.7979
2009	4.99	3.38	1.61	1.4763
2010	5.12	3.82	1.30	1.3403
2011	8.85	3.14	5.71	2.8185
2012	4.50	3.04	1.46	1.4803
2013	5.02	2.71	2.31	2.1732
2014	4.01	2.47	1.54	2.6039
2015	4.68	2.94	1.74	2.6897
2016	4.28	2.83	1.45	2.9517

数据来源：国家统计局网站《中国统计年鉴》。

从图4-8可以看出，中国建成区面积增长率与城镇人口增长率之间的差额除了2000年、2006年和2008年为负以外，其他年份都为正，说明在绝大多数年份，建成区面积增长快于城镇人口增长。

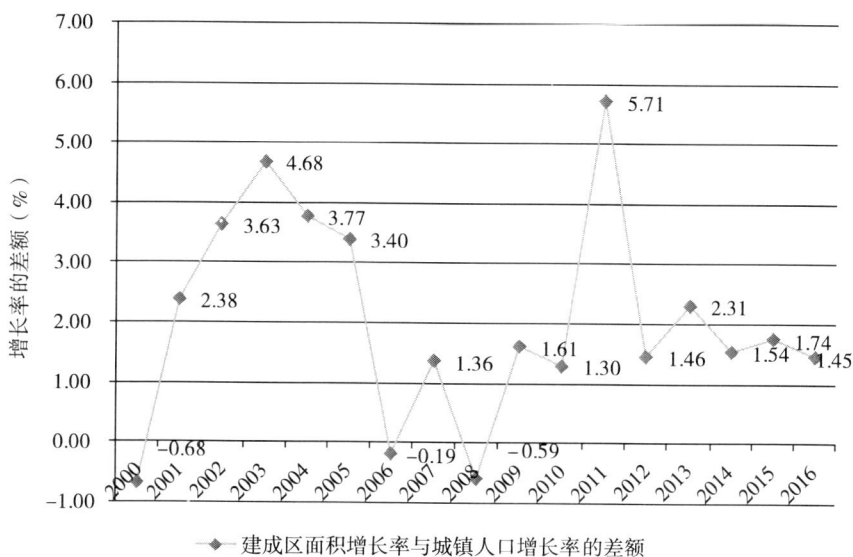

图4-8 2000~2016年建成区面积增长率与城镇人口增长率之间的差额变化

数据来源：国家统计局网站《中国统计年鉴》。

图4-9可以看出，从2000年到2016年，除了个别年份城镇用地增长弹性系数小于1.12外，其他大部分年份城镇用地增长弹性系数均大于1.12，最大为2016年达到2.9517。

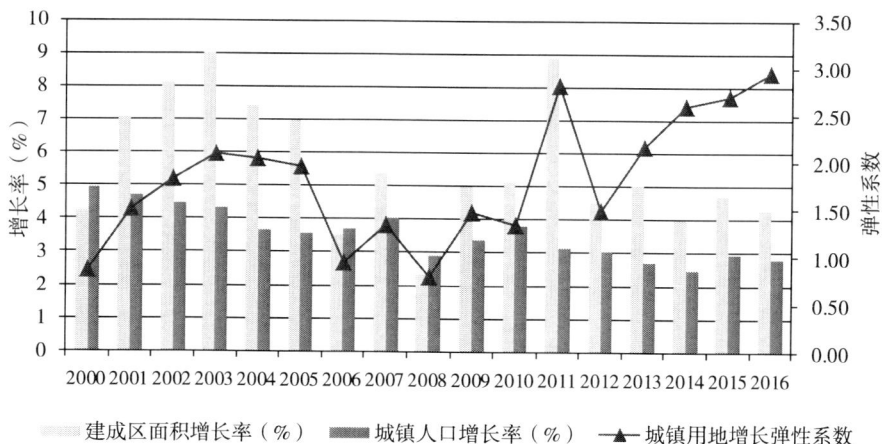

图4-9 2000~2016年城镇用地增长弹性系数变化趋势

数据来源：根据国家统计局网站《中国统计年鉴》进行整理。

从整体上来看，从1985年到2016年，中国的建成区面积增长了

479%，同期人口增长了216%。根据城镇用地增长弹性系数的计算公式，这一时期中国的城镇用地增长弹性系数为2.22，远远大于国际公认的1.12❶的合理水平，这充分说明中国的土地城镇化快于人口城镇化。

（二）四大区域层面的考察

把中国各省区分为东部、中部、西部和东北部四大区域❷，表4-7选择2000~2016年各地区的建成区面积和城镇人口数进行分析，我们可以发现，东部地区2000年建成区面积为8744.99平方公里，到2016年达到24849.3平方公里，增长了184.15%，而东部地区2000年的城镇人口数为20355万人，到2016年达到34526万人，增长了69.62%。中国中部地区2000年建成区面积为5273.69平方公里，到2016年达到10949.1平方公里，增长了107.62%，而2000年中部地区的城镇人口数为10449万人，到2016年达到19370万人，增长了85.38%。中国西部地区2000年建成区面积为4764.67平方公里，到2016年达到12499.2平方公里，增长了162.33%，而2000年西部地区的城镇人口数为10208万人，到2016年达到18779万人，增长了83.96%。中国东北部地区2000年建成区面积为3655.93平方公里，到2016年达到6034.2平方公里，增长了65.05%，而2000年东北部地区的城镇人口数为5555万人，到2016年达到6728万人，增长了21.12%。

表4-7　2000年和2016年中国四大地区建成区面积和城镇人口数

省区	建成区面积（平方公里）		城镇人口（万人）		建成区面积增长率（%）	城镇人口增长率（%）	城镇用地增长弹性系数
	2000年	2016年	2000年	2016年			
东部	8744.99	24849.3	20355	34526	184.15	69.62	2.65
中部	5273.69	10949.1	10449	19370	107.62	85.38	1.26
西部	4764.67	12499.2	10208	18779	162.33	83.96	1.93

❶ 城镇用地增长弹性系数国际公认的1.12，在很多期刊和研究报告中都用来作为参考值。

❷ 东部地区包括北京、天津、河北、上海、江苏、浙江、福建、山东、广东和海南10个地区；中部地区包括山西、安徽、江西、河南、湖北和湖南6个地区；西部地区包括内蒙古、广西、重庆、四川、贵州、云南、西藏、陕西、甘肃、青海、宁夏和新疆12个地区；东北包括辽宁、吉林和黑龙江3个地区。

续表

省区	建成区面积（平方公里）		城镇人口（万人）		建成区面积增长率（%）	城镇人口增长率（%）	城镇用地增长弹性系数
	2000年	2016年	2000年	2016年			
东北部	3655.93	6034.2	5555	6728	65.05	21.12	3.08

数据来源：国家统计局网站。

　　我们先通过倍数关系来看表4-8，东部地区2016年建成区面积是2000年的2.84倍，2016年城镇人口是2000年的1.7倍，前者与后者相差1.14倍；中部地区2016年建成区面积是2000年的2.08倍，2016年城镇人口是2000年的1.85倍，前者与后者相差0.23倍；西部地区2016年建成区面积是2000年的2.62倍，2016年城镇人口是2000年的1.84倍，前者与后者相差0.78倍；东北部地区2016年建成区面积是2000年的1.65倍，2016年城镇人口是2000年的1.21倍，前者与后者相差0.44倍。这说明无论是东部地区，还是中部地区，抑或是西部地区，土地城镇化快于人口城镇化的现象都客观存在。

表4-8　中国四大地区2016年与2000年建成区面积和城镇人口数倍数关系比较分析

省区	建成区面积（平方公里）		城镇人口（万人）		2016年建成区面积是2000年的倍数	2016年城镇人口是2000年的倍数	两者相差的倍数
	2000年	2016年	2000年	2016年			
东部	8744.99	24849.3	20355	34526	2.84	1.70	1.14
中部	5273.69	10949.1	10449	19370	2.08	1.85	0.23
西部	4764.67	12499.2	10208	18779	2.62	1.84	0.78
东北部	3655.93	6034.2	5555	6728	1.65	1.21	0.44

数据来源：国家统计局网站整理。

　　同时，我们也可以通过计算城镇用地增长弹性系数来测算土地城镇化与人口城镇化的速度，将数据代入计算公式，得到四大区域的城镇用地增长弹性系数分别为2.33、1.40、1.80，都高于国际公认的1.12的水平。这说明中国东部、中部和西部地区的土地城镇化都快于人口城镇化，其中东部地区的土地城镇化扩张最快，其次是西部地区，最后是东部地区，见图4-10。

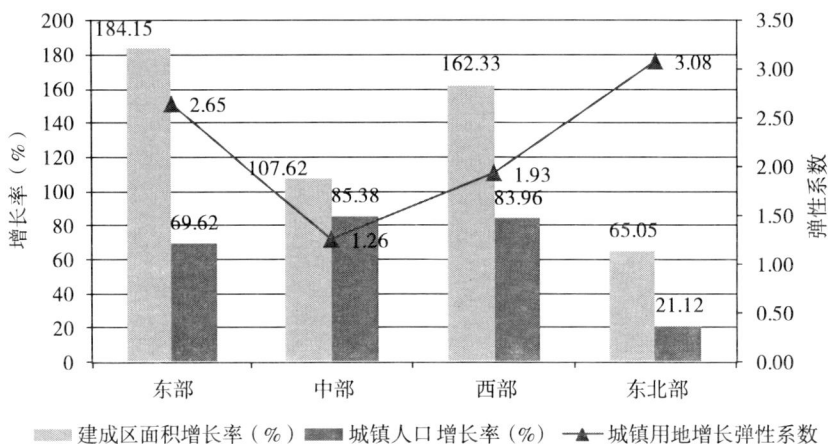

图4-10 中国四大区域2000~2016年城镇用地增长弹性系数对比分析

数据来源：国家统计局网站整理。

（三）省级层面考察

表4-9选择中国31个省（市）、直辖市2000~2016年的各地区的建成区面积和城镇人口数进行分析。

表4-9 2000年和2016年中国各省区建成区面积和城镇人口数

省区	建成区面积（平方公里）		城镇人口（万人）		建成区面积增长率（%）	城镇人口增长率（%）	城镇用地增长弹性系数
	2000年	2016年	2000年	2016年			
北京	490.11	1419.7	1072	1880	189.67	75.37	2.5165
天津	385.86	1007.9	721	1295	161.21	79.61	2.0250
河北	962.87	2056.5	1759	3983	113.58	126.44	0.8983
山西	616.98	1157.6	1151	2070	87.62	79.84	1.0974
内蒙古	593.00	1241.6	1014	1542	109.38	52.07	2.1006
辽宁	1558.62	2798.2	2299	2949	79.53	28.27	2.8132

续表

省区	建成区面积（平方公里）		城镇人口（万人）		建成区面积增长率（%）	城镇人口增长率（%）	城镇用地增长弹性系数
	2000年	2016年	2000年	2016年			
吉林	787.16	1425.8	1355	1530	81.13	12.92	6.2794
黑龙江	1310.15	1810.2	1901	2249	38.17	18.31	2.0847
上海	549.58	998.8	1478	2127	81.74	43.91	1.8615
江苏	1382.27	4299.3	3086	5417	211.03	75.53	2.7940
浙江	964.03	2673.3	2277	3745	177.30	64.47	2.7501
安徽	885.95	2001.7	1665	3221	125.94	93.45	1.3477
福建	449.06	1469.2	1443	2076	227.17	43.87	5.1783
江西	542.97	1371.0	1146	2438	152.50	112.74	1.3527
山东	1540.79	4795.5	3450	5871	211.24	70.17	3.0104
河南	1073.81	2544.3	2147	4623	136.94	115.32	1.1875
湖北	1354.71	2248.9	2424	3419	66.01	41.05	1.6080
湖南	799.27	1625.6	1916	3599	103.39	87.84	1.1770
广东	1763.98	5808.1	4753	7611	229.26	60.13	3.8127
广西	585.93	1333.8	1264	2326	127.64	84.02	1.5192
海南	256.44	321.0	316	521	25.18	64.87	0.3882
重庆	324.26	1350.7	1023	1908	316.55	86.51	3.6591
四川	991.71	2615.6	2223	4066	163.75	82.91	1.9750
贵州	291.65	844.6	841	1570	189.59	86.68	2.1872
云南	338.12	1131.3	1002	2148	234.59	114.37	2.0511
西藏	68.99	145.2	50	98	110.47	96.00	1.1507
陕西	476.13	1127.4	1163	2110	136.78	81.43	1.6797
甘肃	402.92	870.4	615	1166	116.02	89.59	1.2950
青海	91.78	197.4	180	306	115.08	70.00	1.6440
宁夏	126.77	441.8	182	380	248.51	108.79	2.2843
新疆	473.41	1199.4	651	1159	153.35	78.03	1.9653

数据来源：根据国家统计局网站提供的年度数据进行整理。

通过对中国31个省（市）、直辖市2000~2016年的各地区的建成区面积和城镇人口数进行分析，可以测算出这一时期土地城镇化和人口城镇化的速度，各个省（市）、直辖市城镇建设用地增长弹性系数存在一定的差异。城镇建设用地增长弹性系数最大的是吉林省，达到6.2794，土地城镇化扩张最快，最小的是海南省，仅为0.3882，见图4-11。

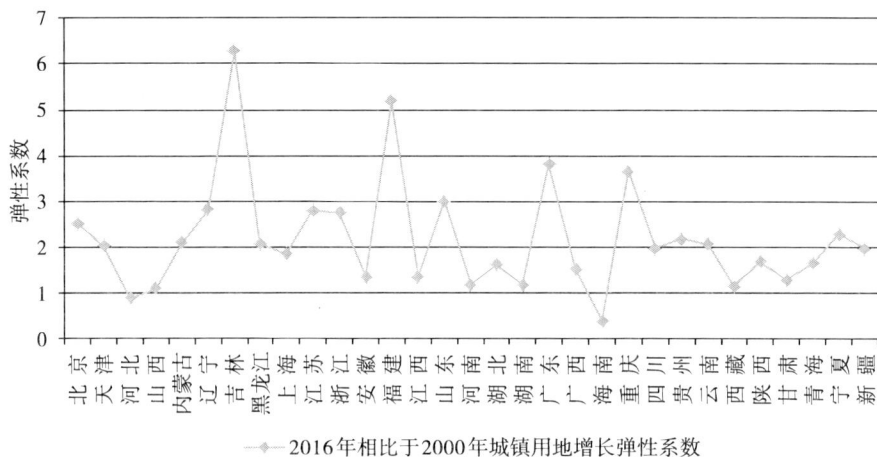

图4-11 各省区2016年相比于2000年城镇建设用地增长弹性系数

数据来源：根据测算的数据进行整理。

根据国际公认的城镇建设用地增长弹性系数1.12的标准来看，北京、天津、内蒙古、辽宁、吉林、黑龙江、上海、江苏、浙江、安徽、福建、江西、山东、河南、湖北、湖南、广东、广西、重庆、四川、贵州、云南、西藏、陕西、甘肃、青海、宁夏、新疆的土地城镇化都快于人口城镇化。仅河北、山西、海南的土地城镇化慢于人口城镇化。

我们把城镇建设用地弹性系数大于等于1.5的称为土地城镇化快于人口城镇化的不协调区域，主要有北京、天津、内蒙古、辽宁、吉林、黑龙江、上海、江苏、浙江、福建、山东、湖北、广东、广西、重庆、四川、贵州、云南、陕西、青海、宁夏、新疆。把城镇建设用地弹性系数在1~1.5之间的称为土地城镇化与人口城镇化基本协调区域，主要有山西、安徽、江西、河南、湖南、西藏、甘肃。把城镇建设用地弹性系数小于等于

1的称为人口城镇化快于土地城镇化的不协调区域，主要有河北、海南。可以看出，中国大部分地区的都处在土地城镇化与人口城镇化不协调发展区域，其中土地城镇化快于人口城镇化的区域占绝大多数，见表4-10所示。

表4-10　按城镇建设用地弹性系数分类表

分类	类型	地区	弹性系数判别标准
土地城镇化快于人口城镇化	不协调	北京、天津、内蒙古、辽宁、吉林、黑龙江、上海、江苏、浙江、福建、山东、湖北、广东、广西、重庆、四川、贵州、云南、陕西、青海、宁夏、新疆	大于等于1.5
土地城镇化与人口城镇化基本协调	基本协调	山西、安徽、江西、河南、湖南、西藏、甘肃	1-1.5
人口城镇化快于土地城镇化	不协调	河北、海南	小于等于1

注：分类根据计算结果整理。

二、城市人口密度不高且呈下降趋势

"土地城镇化快于人口城镇化"，说明中国的城市化事实上并非农业转移人口的城市化。城市人口的增长与城市土地面扩张的不对称，反映出来的就是，城市人口密度不断下降，如图4-12所示。2006年中国城镇人口密度为17317人/平方公里，2016年降至14595人/平方公里。❶现状是，半数以上城市每平方公里的人口密度下降幅度较大，2016年相比于2006年，除了地广人稀的中西部地区城市人口密度下降外，就连东部一些发达省份在城市人口高增长、城镇化率大幅度提高的同时，也同样存在城市人口密度下降的问题。❷

❶ 用城镇人口数与建成区面积的比值表示城镇人口密度。

❷ 秦虹.新型城镇化亟待提高土地利用效率[EB/OL].(2013-06-25)[2018-06-15]. http://house. hexun.com/2013-06-26/155533907.html.

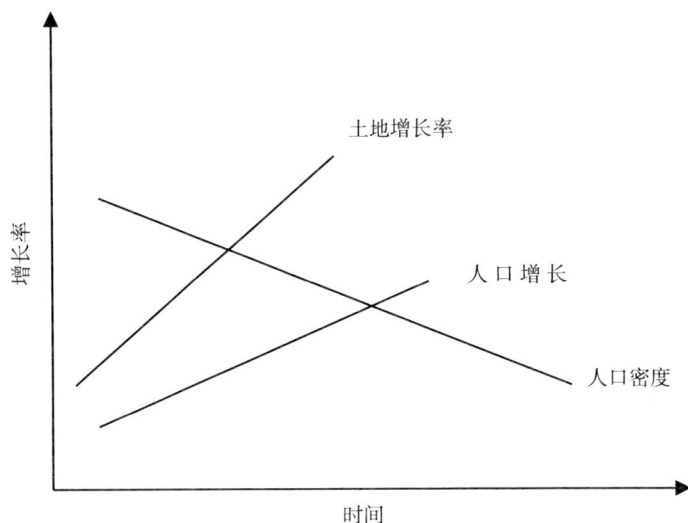

图4-12 城镇化过程的土地、人口、人口密度变化

根据国家统计局网站公布的数据，中国城市人口密度在下降。这里的城市密度是指城区内的人口疏密程度，计算公式为：城市人口密度=（城区人口+城区暂住人口）/建成区面积。见表4-11。

表4-11 2006~2016年城市人口密度数据

年份	建成区面积（平方公里）	城镇人口数（万人）	城市人口密度（人/平方公里）
2006	33659.80	58288	17317
2007	35469.65	60633	17094
2008	36295.30	62403	17193
2009	38107.26	64512	16929
2010	40058.01	66978	16720
2011	43603.23	69079	15843
2012	45565.8	71182	15622
2013	47855.3	73111	15278
2014	49772.6	74916	15052
2015	52102.3	77116	14801
2016	54331.5	79298	14595

数据来源：国家统计局网站。

从图4-13可以看出，2006~2016年总体上城市人口密度在不断下降，2016年为14595人/平方公里。中国人多地少，土地资源极度稀缺，按照常理，中国的城市人口密度应当高一些，但事实与之相反，中国的城市人口密度相对于国外同等人口规模的城市，却明显偏低。中国城市人口人均占地面积水平超过了不少发达国家，与中国人多地少、土地资源极度稀缺的国情严重不符。

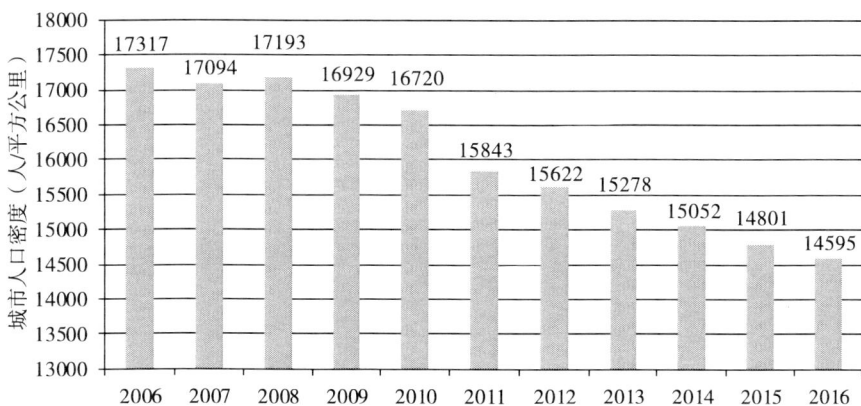

图4-13　2006~2016年城市人口密度变化对比图

数据来源：国家统计局网站。

三、产业集聚吸纳就业人口不足

关于产业集聚水平的度量，一些学者从行业集中度（concentration ration of industry）、赫芬达尔指数（Hirschman）、空间基尼系数（Krugman）、空间集聚指数（Ellision and Glaeser）等来表示产业集聚程度的指标。这几种指标选取的方法各有特点，也各有其局限性。充分考虑了数据的可获得性，最后选择以区位商指标为基础，采用与Henderson等[1]、Fan和Scott[2]相

❶ HENDERSON V ,KUNCORO A,TURNER M. Industrial development in cities[J]. Journal of political economics，1995,103(5):1067–1090.

❷ FAN C C, SCOTT A J.Industrial agglomeration and development：a survey of spatial economic issues in East Asia and a statistical analysis of Chinese regions[J]. Economic geography，2003，79（3）：295–319.

同的做法,利用区位商(LQ)表示产业集聚的程度和水平。这种测算的方法可以对产业集中度进行跨地区的比较。

假设 x_{ij} 表示第 j 个区域第 i($i=1$,2,3,$\cdots$,n)个行业的就业人数(或产值),X_i 是全国第 i($i=1$,2,3,$\cdots$,n)个行业的就业人数(或产值)。则区域 j 的 LQ 的计算公式为

$$LQ_j = \sum_{i=1}^{n}\left[\left(x_{ij}/\sum_{i=1}^{n}x_{ij}\right)/\left(X_i/\sum_{i=1}^{n}X_i\right)\right] \tag{4-1}$$

LQ_j 的值越大,说明第 j 个区域的产业集聚水平越高。

本书使用了各个行业的产值来计算产业集聚度,根据在国家统计局网站收集到的数据资料,表4-12将各个地区的行业分为工业、建筑业、交通运输、仓储和邮政业、批发和零售业、住宿和餐饮业、金融业、房地产业、其他服务业。

表4-12 测算产业集聚度的行业分类

产业	细分成各个行业
第二产业	工业
	建筑业
第三产业	交通运输、仓储和邮政业
	批发和零售业
	住宿和餐饮业
	金融业
	房地产业
	其他服务业

注:根据《中国城市统计年鉴》的行业分类进行整理。

受篇幅所限,表4-13仅列出了2016年全国各地区产业集聚指数以及主要的集聚产业。

表4-13　2016年全国各地区产业集聚度指数及主要的集聚产业

地区	产业集聚度	主要集聚产业
北京	11.2520	金融业、房地产业、其他服务业、批发和零售业
天津	8.9856	工业、交通运输、仓储和邮政业、批发和零售业、金融业
河北	7.1253	工业、建筑业、交通运输、仓储和邮政业、批发和零售业
山西	7.1136	工业、建筑业、交通运输、仓储和邮政业、住宿和餐饮业
内蒙古	7.2254	工业、建筑业、交通运输、仓储和邮政业、住宿和餐饮业
辽宁	7.5685	工业、建筑业、交通运输、仓储和邮政业、金融业、
吉林	7.0123	工业、建筑业、住宿和餐饮业、其他服务业
黑龙江	7.0251	工业、交通运输、仓储和邮政业、批发和零售业、住宿和餐饮业
上海	10.2365	交通运输、仓储和邮政业、批发和零售业、金融业、其他服务业
江苏	8.2596	工业、批发和零售业、住宿和餐饮业、金融业、房地产业
浙江	9.2433	工业、批发和零售业、金融业、房地产业
安徽	7.3656	工业、建筑业、交通运输、仓储和邮政业、住宿和餐饮业
福建	7.8859	工业、建筑业、交通运输、仓储和邮政业
江西	7.0235	工业、建筑业、交通运输、批发和零售业、住宿和餐饮业
山东	7.1232	工业、交通运输、仓储和邮政业、批发和零售业、住宿和餐饮业
河南	7.0356	工业、建筑业、交通运输、仓储和邮政业、住宿和餐饮业
湖北	7.1122	工业、建筑业、交通运输、仓储和邮政业、住宿和餐饮业
湖南	7.0233	工业、交通运输、仓储和邮政业、住宿和餐饮业、其他服务业
广东	8.0233	工业、批发和零售业、住宿和餐饮业、房地产业
广西	7.9653	工业、建筑业、交通运输、仓储和邮政业、住宿和餐饮业
海南	8.5235	建筑业、批发和零售业、住宿和餐饮业、房地产业
重庆	7.8866	工业、建筑业、交通运输、仓储和邮政业、金融业
四川	7.0235	工业、建筑业、住宿和餐饮业、其他服务业
贵州	7.2256	交通运输、仓储和邮政业、住宿和餐饮业、其他服务业
云南	7.2239	建筑业、批发和零售业、住宿和餐饮业、其他服务业

续表

地区	产业集聚度	主要集聚产业
西藏	7.4212	建筑业、住宿和餐饮业、金融业、其他服务业
陕西	7.2122	工业、建筑业、交通运输、仓储和邮政业、住宿和餐饮业
甘肃	7.6588	建筑业、交通运输、仓储和邮政业、住宿和餐饮业、其他服务业
青海	6.9233	工业、建筑业、交通运输、仓储和邮政业、其他服务业
宁夏	7.1125	工业、建筑业、交通运输、仓储和邮政业、金融业
新疆	6.5868	工业、建筑业、交通运输、仓储和邮政业、其他服务业

注：根据测算的结果进行整理。

中国产业集聚度比较高的地区有北京、天津、上海、江苏、浙江、广东等省市；产业集聚度比较低的地区主要有青海、新疆等西部地区。根据统计分布，可以把中国的区域分为高产业集聚区、中产业集聚区以及低产业集聚区。UI代表产业集聚指数，UI>8的为高产业集聚区，主要有北京、天津、上海、江苏、浙江、广东、海南，这些地区基本上属于发达的沿海地区，主要是第三产业的集聚，像金融业、房地产业、其他服务业、批发和零售业等。7<UI<8的为中产业集聚区，包括河北、山西、内蒙古、辽宁、江西、山东、湖北、广西、贵州、云南、西藏、陕西、甘肃、宁夏等地区，大多数地区属于中东部地区。UI<7的为低产业集聚区域，主要包括吉林、黑龙江、安徽、河南、湖南、四川、青海、新疆等地。

表4-14 2016年全国各地区产业集聚区域分类

产业集聚区域分类	地区	指数判别标准
高产业集聚区域	北京、天津、上海、江苏、浙江、福建、广东、海南	UI>8.00
中产业集聚区域	河北、山西、内蒙古、辽宁、吉林、黑龙江、安徽、福建、江西、山东、湖北、湖南、广西、重庆、四川、河南、湖南、贵州、云南、西藏、陕西、甘肃、宁夏	7.00<UI<8.00
低产业集聚区域	青海、新疆	UI<7.00

注：分类根据计算结果整理。

　　表4-15列出了2010年和2016年各地区城镇登记失业人员及失业率。可以看出，大部分地区城镇登记失业人员及失业率还比较高，说明各省区经济增长和发展了，但是吸纳的就业人数却没有同比例增加。总体来看，2016年全国城镇失业人员相比于2010年增加了59.9万人。

表4-15　分地区城镇登记失业人员及失业率

地区	失业人员（万人）		失业率（%）	
	2010年	2016年	2010年	2016年
北京	7.7	8.0	1.4	1.4
天津	16.1	25.8	3.6	3.5
河北	35.1	39.7	3.9	3.7
山西	20.4	26.1	3.6	3.5
内蒙古	20.8	26.7	3.9	3.7
辽宁	38.9	47.3	3.6	3.8
吉林	22.7	25.7	3.8	3.5
黑龙江	36.2	39.6	4.3	4.2
上海	27.6	24.3	4.4	4.1
江苏	40.6	35.2	3.2	3.0
浙江	31.1	33.9	3.2	2.9
安徽	26.9	30.4	3.7	3.2
福建	14.5	16.3	3.8	3.9
江西	26.3	31.3	3.3	3.4
山东	44.5	45.8	3.4	3.5
河南	38.2	43.6	3.4	3.0

续表

地区	失业人员（万人）		失业率（%）	
	2010年	2016年	2010年	2016年
湖北	55.7	32.9	4.2	2.4
湖南	43.2	44.9	4.2	4.2
广东	39.3	38.0	2.5	2.5
广西	19.1	18.1	3.7	2.9
海南	4.8	5.1	3.0	2.4
重庆	13.0	15.7	3.9	3.7
四川	34.6	56.3	4.1	4.2
贵州	12.2	14.8	3.6	3.2
云南	15.7	20.1	4.2	3.6
西藏	2.1	1.8	4.0	2.6
陕西	21.4	22.7	3.9	3.3
甘肃	10.7	9.8	3.2	2.2
青海	4.2	4.6	3.8	3.1
宁夏	4.8	5.1	4.4	3.9
新疆	11.0	9.7	3.2	2.5

数据来源：各年份《城市统计年鉴》。

从农村转移到城镇的人口可以称之为劳动力的供给，城镇产业能吸纳的就业人口可以称之为劳动力的需求，但是劳动力的供给和劳动力的需求可能不一致。中国的现实情况是，城镇产业吸纳就业人口小于从农村转移的人口。因此，就存在着一个劳动力缺口，即存在转移到城镇无法就业的人员，见图4-15。

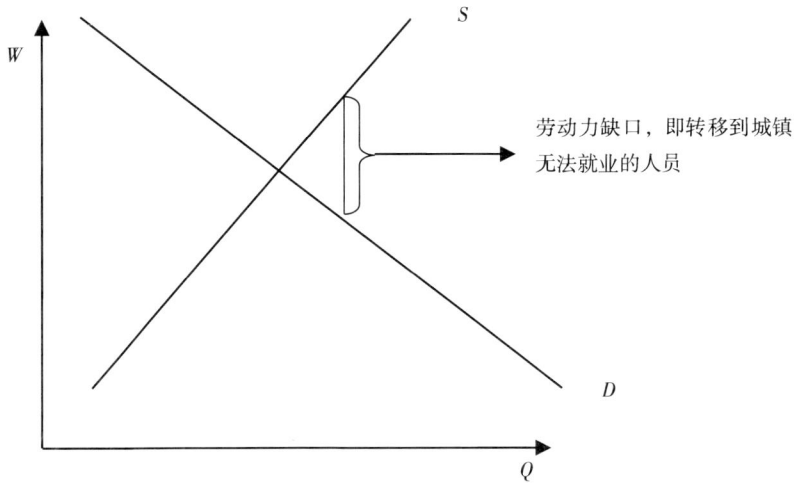

图4-15　劳动力的供给和需求

表4-16给出了1995~2016年城镇人口和城镇就业人数，据此可以计算出城镇年新增人口数和城镇年新增就业人数。通过比较发现，城镇年新增人口与年新增就业人数之间存在差额。根据1995~2016年各年的情况来看，城镇年新增就业人数小于城镇年新增人口数，这说明每年新增的城镇人口没能得到很好的就业，产业吸纳就业人口的能力有限。

表4-16　1995~2016年城镇人口和城镇就业人数

年份	城镇人口（万人）	城镇就业人数（万人）	城镇年新增人口（万人）	城镇年新增就业人数（万人）	城镇年新增人口与年新增就业人数的差额（万人）
1995	35174	19040	—	—	—
1996	37304	19922	2130	882	1248
1997	39449	20781	2145	859	1286
1998	41608	21616	2159	835	1324
1999	43748	22412	2140	796	1344
2000	45906	23151	2158	739	1419
2001	48064	24123	2158	972	1186
2002	50212	25159	2148	1036	1112
2003	52376	26230	2164	1071	1093

续表

年份	城镇人口（万人）	城镇就业人数（万人）	城镇年新增人口（万人）	城镇年新增就业人数（万人）	城镇年新增人口与年新增就业人数的差额（万人）
2004	54283	27293	1907	1063	844
2005	56212	28389	1929	1096	833
2006	58288	29630	2076	1241	835
2007	60633	30953	2345	1323	1022
2008	62403	32103	1770	1150	620
2009	64512	33322	2109	1219	890
2010	66978	34687	2466	1365	1101
2011	69079	35914	2101	1227	874
2012	71182	37102	2103	1188	915
2013	73336	38395	2154	1293	861
2014	75169	39824	2233	1129	1104
2015	77326	41123	2157	1299	858
2016	78896	42189	1970	1066	904

数据来源：国家统计局网站《中国统计年鉴》。

从1996~2016年各年的情况来看，城镇年新增就业人数小于城镇年新增人口数，它们之间的差额大约在1000万人左右，见图4-16。

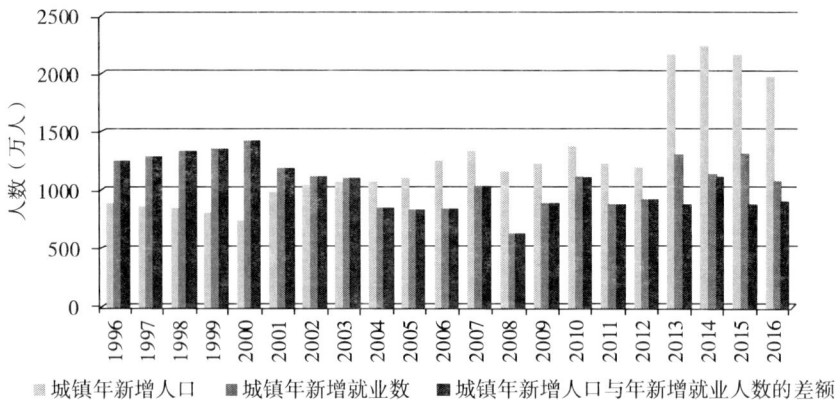

图4-16　城镇年新增人口与年新增就业人数

数据来源：历年《中国统计年鉴》。

第三节　当前中国土地城镇化、人口城镇化及产业集聚发展的基本评价

一、城市发展评价

（一）单位城市土地GDP比较分析

从1980年到2005年，是中国经济快速发展、城市化急剧扩张的时期，与日本的快速发展时期相比较，中国GDP每增长1%，对土地的占用量差不多是日本的8倍。除此之外，不少城镇的低效用地也导致了资源的大量浪费。❶

通过对2016年国内外主要城市的城市GDP和城市面积的数据可以计算出国内外主要城市的单位城市土地GDP产出率，纽约为11.4590亿美元/平方公里，其次是日本东京4.3294亿美元/平方公里，以下分别是首尔5.1175亿美元/平方公里，香港2.9016亿美元/平方公里，北京2.2491亿美元/平方公里，上海0.6414亿美元/平方公里，天津0.1324亿美元/平方公里。

表4-17　2016年国内外主要城市GDP、面积及单位城市土地GDP产出率

城市	国别	城市GDP（亿美元）	城市面积（平方公里）	单位城市土地GDP产出率（亿美元/平方公里）	排序
纽约	美国	9006.8	786	11.4590	1
东京	日本	9472.7	2188	4.3294	2
首尔	韩国	3100	605.77	5.1175	3
香港	中国	3209.12	1106	2.9016	4
北京	中国	3690.8	1641	2.2491	5

❶ 以上海市为例,据上海市常务副市长杨雄介绍,和世界先进水平相比,上海市全市建设用地的产出率大概是纽约的1/29、香港的1/14。

续表

城市	国别	城市GDP（亿美元）	城市面积（平方公里）	单位城市土地GDP产出率（亿美元/平方公里）	排序
上海	中国	4066.3	6340	0.6414	6
天津	中国	1613.2	12187	0.1324	7

数据来源：根据百度资料搜索整理。

从总体上看，中国主要城市的单位城市土地GDP产出率普遍偏低，相比于国外的大城市存在着很大的差异。以北京市为例，北京市单位城市土地GDP产出率大约是纽约的1/5，是东京的1/2，是首尔的4/9。

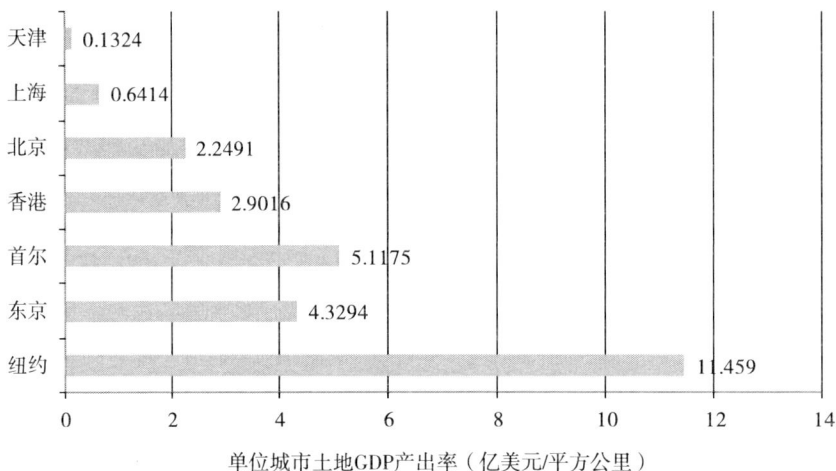

图4-16 2016年国内外主要年城市土地GDP产出率对比图

数据来源：根据百度资料搜索整理。

（二）影响单位城市土地GDP产出的因素分析

1. 模型的设定

中国城市土地产出率普遍偏低，与发达国家存在较大的差距，而且城市之间差异也很大，究竟有哪些因素影响土地产出率？下面将从理论和实证上进行研究。

这里借鉴和参考 Ciccone and Hall[1]和 Ciccone[2]建立的用要素密度、产出密度表现的经济集聚与产出之间的关系模型，并在此基础上进行转换得到本节所需的实证模型。

$$q_i = T_i f(N_i H_i, k_i) = T_i \left[(N_i H_i)^\beta k_i^{1-\beta} \right]^\alpha \qquad (4-2)$$

在式（4-2）中，各变量的含义如下：q_i 表示第 i 个城市单位面积产出，即 $q_i = Q_i / A_i$（Q_i 为总产出，A_i 城市土地面积）；T_i 为第 i 个城市全要素生产率（或称技术水平），并反映希克斯中性进步；N_i 为第 i 个城市单位面积劳动力数量；H_i 为第 i 个城市单位面积平均人力资本水平；α 为单位资本和劳动所获得的报酬；β 为资本投入份额，且 $0 < \beta < 1$；$(1-\beta)$ 为劳动力投入份额。

将空间外部性[3]引入生产函数，假定空间外部性是由该城市的生产密度 Q/A 所推动的，$(\lambda-1)/\lambda$ 为城市地区平均产出密度的弹性，可反映空间外部效应的大小。于是式（4-2）可以表示成

$$q_i = T_i f(N_i H_i, k_i; Q_i, A_i) = T_i \left[(N_i H_i)^\beta k_i^{1-\beta} \right]^\alpha \left(\frac{Q_i}{A_i} \right)^{\frac{\lambda-1}{\lambda}} \qquad (4-3)$$

假设城市空间范围内要素是匀质分布的，那么某个城市单位面积产出与平均产出是相等的，即，代入到式（4-3）式中。

$$q_i = T_i^\lambda \left[(N_i H_i / A_i)^\beta (K_i / A_i)^{1-\beta} \right]^{\alpha\lambda} \qquad (4-4)$$

上面的方程式（4-4）中各变量的含义为：N_i 为第 i 个城市劳动就业量，H_i 为第 i 个城市就业人口的平均人力资本水平，$N_i H_i$ 为第 i 个城市有效劳动量，K_i 为第 i 个城市资本存量。$\alpha\lambda$ 可表示为净集聚效应，这里可以分

---

[1] CICCONE A, HALL R. Productivity and the density of economic activity[J]. American economic review, 1996, 86: 54-70.

[2] CICCONE A. Agglomeration Effects in Europe[J]. European ecconomic review, 2002, 46(2): 213-227.

[3] 主要是指经济集聚(用经济活动密度来表示)对经济效率所产生的带动作用。

两种情况：第一种情况，如果 $\alpha\lambda>1$，也就是净集聚效应为正，这时候集聚程度的增加能够提高土地产出率；第二种情况是，如果 $\alpha\lambda<1$，净集聚效应为负，此时要素投入增加的倍数小于土地产出率增加的倍数。

城市集聚效应除来自投入密度外，还受城市规模和城市经济结构等因素的影响。[1]同时，市场化水平对集聚经济效应也会产生影响。因此，在方程式（4-4）中加入这三类影响集聚经济效应的因素。于是将方程式（4-4）中的 T^λ[2]分解为，方程式（4-4）可转化为

$$q_i = Z_i S_i^\delta M_i^\psi P_i^\phi A_i^\varphi \left[\left(N_i H_i / A_i \right)^\beta \left(K_i / A_i \right)^{(1-\beta)} \right]^{\alpha\lambda} \tag{4-5}$$

式中，S 代表城市产业结构的变量，M 代表城市市场化水平的变量，P 代表城市人口规模的变量，A 代表城市用地面积的变量，Z 为不可观测的其他变量。假定人力资本水平与教育水平高度相关，其关系可以表示为 $H = E^\tau$，将 $H = E^\tau$ 代入方程式（4-5），再对其取对数，就可以分解出影响城市土地产出率的因素包括资本投入密度、劳动投入密度、城市人口规模、城市用地面积、城市产业结构、市场化水平以及人力资本水平。

$$\ln \text{LUT}_{i,t} = \alpha_0 + \alpha_1 \ln \text{CDE}_{i,t} + \alpha_2 \ln \text{LDE}_{i,t} + \alpha_3 \ln \text{POS}_{i,t} + \alpha_4 \ln \text{LAR}_{i,t}$$
$$+ \alpha_5 \ln \text{IST}_{i,t} + \alpha_6 \ln \text{MAR}_{i,t} + \alpha_7 \ln \text{HUM}_{i,t} + \mu_i + \lambda_t + \varepsilon_{i,t}$$

方程中的下标 i 代表各城市截面单元，t 代表年份，和表示不随时间和个体变化个体效应和时间效应，为随机扰动项。$\ln \text{CDE}_{i,t}$、$\ln \text{LDE}_{i,t}$、$\ln \text{POS}_{i,t}$、$\ln \text{LAR}_{i,t}$、$\ln \text{IST}_{i,t}$、$\ln \text{MAR}_{i,t}$、$\ln \text{HUM}_{i,t}$ 分别表示第 i 个城市第 t 期的资本投入密度、劳动投入密度、城市人口规模、城市用地面积、城市产业结构、市场化水平以及人力资本水平。

城市土地产出率的变化时一个动态的过程，不仅取决于当前因素，还与过去因素有关，存在一定的路径依赖。由于静态模型没有很好地表现出

[1] 豆建民,汪增洋.经济集聚、产业结构与城市土地产出率——基于我国234个地级城市1999~2006年面板数据的实证研究[J].财经研究,2010(10):26-36.

[2] 可看成是希克斯中性集聚经济效应转化函数。

城镇化进程中城市土地产出率动态调整的过程。为了克服这种偏误，我们将城市土地产出率的滞后一期加入到模型，将静态模型转化为动态模型。同时，为了反映出结构变化对城市土地产出率的机制，这里用两种方法代表产业结构的变量，第一种方式为第二产业产值占GDP的比重反映产业结构特征；第二种方式为第二产业就业占总就业人数的比重反映产业结构特征。模型可以转化为如下两种形式：

$$\ln \text{LUT}_{i,t} = \alpha_0 + \alpha_1 \ln \text{LUT}_{i,t-1} + \alpha_2 \ln \text{CDE}_{i,t} + \alpha_3 \ln \text{LDE}_{i,t} + \alpha_4 \ln \text{POS}_{i,t} + \alpha_5 \ln \text{LAR}_{i,t}$$

$$+ \alpha_6 \ln \text{SIG}_{i,t} + \alpha_7 \ln \text{MAR}_{i,t} + \alpha_8 \ln \text{HUM}_{i,t} + \mu_i + \lambda_t + \varepsilon_{i,t}$$

$$\ln \text{LUT}_{i,t} = \alpha_0 + \alpha_1 \ln \text{LUT}_{i,t-1} + \alpha_2 \ln \text{CDE}_{i,t} + \alpha_3 \ln \text{LDE}_{i,t} + \alpha_4 \ln \text{POS}_{i,t} + \alpha_5 \ln \text{LAR}_{i,t}$$

$$+ \alpha_6 \ln \text{SEG}_{i,t} + \alpha_7 \ln \text{MAR}_{i,t} + \alpha_8 \ln \text{HUM}_{i,t} + \mu_i + \lambda_t + \varepsilon_{i,t}$$

上面的两个模型 $\ln \text{SIG}_{i,t}$ 和 $\ln \text{SEG}_{i,t}$ 分别表示第二产业产值占GDP的比重和第二产业就业占总就业人数的比重的对数值，用这两种方法代表产业结构特征，其他变量的含义和静态模型一致。

2. 变量与数据说明

LUT代表城市土地产出率。城市土地产出率用城市二、三产业产值除以城市建成区面积，同时为了消除价格因素的影响，以2003年为基期，进行价格指数平减得到实际的城市二、三产业产值。CDE和LDE分别代表资本和劳动投入密度。资本投入密度的数据用城市资本存量除以建成区面积，资本存量采用张军等的永续盘存法计算所得，资本折旧率取9.6%，资本密度的单位为万元/平方公里。劳动投入密度用城市市区非农就业人数除以城市建成区面积，单位为万人/平方公里。投入要素密度对土地产出率会产生影响，投入要素资本、劳动与土地的相对价格变化，经济主体会用其他生产要素来替代，土地产出率会发生变化。同时，要素产出率对土地产出率会产生影响。劳动和资本产出率高，会提高土地产出率，同时也会吸引更多的资本和劳动力流入该城市，要素使用效率高的城市，往往具有较

高的要素投入密度。❶

POS代表城市人口规模。用建成区城市人口数来表示。城市人口规模的单位为万人。城市是一种集聚经济，产业集聚实现产业间分工与协作，通过知识和技术溢出效应提高整个产业的生产效率，它对于提高要素产出率具有重要的作用。城市规模越大（合理的规模），集聚经济效应发挥越充分，要素产出率越高，从而提高土地产出率。

LAR代表城市用地面积。城市经济活动用地面积可用建成区面积表示，因为建成区面积主要为非农经济活动的集聚区域，城市用地扩展影响土地产出率。例如新扩展城区后，新城区要素投入密度较低，集聚经济效应较小，相应地要素投入效率低。城市用地面积单位为平方公里。

IST代表城市产业结构。用两种方式来代表产业结构的变量，第一种方式SIG为第二产业产值占GDP的比重反映产业结构特征；第二种方式SEG为第二产业就业占总就业人数的比重反映产业结构特征。城市产业结构的两种表示方式单位为%。产业结构的高级化能够提高投入要素的使用效率，从而提升土地产出率。

MAR代表市场化水平。城市市场化水平用私营和个体从业人员占非农业人口的比重来表示，单位为%。一般而言，城市市场化水平土地产出率呈正向变化的关系。

HUM代表人力资本水平。各地级城市市区在校大学生人数占总人口比重来反映城市人力资本水平，单位为%。人力资本是提高劳动生产率和提高城市土地产出率的有效途径。

以上变量描述，见表4-18所示。

❶ 豆建民,汪增洋.经济集聚、产业结构与城市土地产出率——基于我国234个地级城市1999~2006年面板数据的实证研究[J].财经研究,2010(10):26-36.

表4-18　变量的统计性描述

变量名称	变量符号	样本容量	均值	标准差	最大值	最小值
城市土地产出率（万元/平方公里）	LUT	4004	12556	9212	25869	4658
资本投入密度（万元/平方公里）	CDE	4004	9756	7122	17258	2688
劳动投入密度（万人/平方公里）	LDE	4004	31.25	26.04	60.26	6.05
城市人口规模（万人）	POS	4004	622.18	472.55	1502.50	97.56
城市用地面积（平方公里）	LAR	4004	525	478	1288	48
第二产业产值占GDP的比重（%）	SIG	4004	39	33	72	23
第二产业就业占总就业人数的比重（%）	SEG	4004	36	32	45	19
市场化水平（%）	MAR	4004	35	31	55	26
人力资本水平（%）	HUM	4004	38	30	48	12

注：根据Stata软件生成。

　　本书所使用的数据主要来源于《中国城市统计年鉴》中的2003~2016年地级及以上286个城市统计资料（即除拉萨之外的中国所有地级及以上城市[1]）。其中有个别城市在少数年份数据残缺，运用数据插值法进行了补全。所涉及的各变量的统计性描述如表4-19所示。

　　3.实证结果

　　表4-19中的模型（1）和模型（2）是静态面板数据模型，其中，模型（1）和模型（2）的差别是有关产业结构变量的选取不一样。对于静态面板数据，通常使用固定效应和随机效应模型，根据 Hausman 检验的结果，支持采用固定效应模型。从模型（1）可以看出，资本密度和就业密度对土地产出率的影响为正，系数分别为0.905和0.138，且都在5%的统计水

---

[1] 由于西藏地区的数据整体缺失，因此本书所选取的样本数据不包括拉萨市。

平上通过了显著性检验。这说明要素投入密度对城市土地产出率有积极的影响。从作用大小来看，资本投入密度对城市土地产出率的影响要大于劳动投入密度，这说明我国城市经济增长主要由资本投入推动。城市人口规模对城市土地产出率的影响系数为0.156，且在5%的条件下通过了显著性检验，说明城市在集聚作用的推动下能够提高土地产出率。城市用地扩张对土地产出率的影响系数为-0.166，且在1%的条件下通过了显著检验，说明土地扩张越快，土地产出率越低，土地城镇化扩张较快，土地利用粗放，城镇土地产出率越低。第二产业占GDP的比重对土地产出率的影响显著为正，系数大小为0.123，说明工业是城市经济增长的主要动力。市场化水平对土地产出率的影响系数为0.256，且在5%的条件下显著为正，这说明提高城市市场化水平可以显著提高城市土地产出率。人力资本对土地产出率的影响系数为0.533，且在1%的条件下通过了显著性检验，说明提高人力资本的水平可以显著提高城市土地产出率。模型（2）与模型（1）的区别在于，城市产业结构变量用第二产业就业占总就业人数的比重来表示。从估计结果可以看出，其他变量与模型（1）对土地产出率的影响作用方向基本一致，不同的是第二产业就业占总就业人数的比重对土地产出率的影响为负值，且在5%的条件下通过了显著性检验。结合模型（1）和模型（2），第二产业占GDP的比重对土地产出率的增加产生积极的影响，第二产业就业占比对土地产出率产生负的影响。这说明大力发展第二产业能够提高土地产出率，但就业密度对土地产出率的作用正在减弱。

表4-19　模型估计结果

模型	（1）	（2）	（3）	（4）
估计方法	FE	FE	SYS-GMM (two-step)	SYS-GMM (two-step)
Consant	0.255* (0.121)	0.262** (0.105)	0.331** (0.125)	0.298** (0.112)

续表

模型	（1）	（2）	（3）	（4）
L. ln LUT	—	—	0.488** (0.205)	0.436*** (0.189)
ln CDE	0.905** (0.224)	0.869** (0.205)	0.525* (0.202)	0.518** (0.162)
ln LDE	0.138** (0.053)	0.142** (0.025)	0.115** (0.048)	0.112** (0.049)
ln POS	0.156** (0.045)	0.162** (0.061)	0.128** (0.038)	0.129*** (0.056)
ln LAR	−0.166*** (0.071)	−0.158* (0.052)	−0.112* (0.033)	−0.109* (0.049)
ln SIG	0.126** (0.058)		0.118** (0.042)	
ln SEG		−0.088** (0.024)		−0.065* (0.012)
ln MAR	0.258** (0.103)	0.253* (0.122)	0.132*** (0.062)	0.215** (0.085)
ln HUM	0.533*** (0.125)	0.525*** (0.224)	0.446* (0.126)	0.405** (0.182)
Hausman-test	32.88 (0.00)	29.45 (0.00)	—	—
AR（2）	—	—	0.552	0.575
Sargen test	—	—	33.22 (1.00)	28.25 (1.00)
obs	4004	4004	3718	3718

注：L.ln LUT 表示地区生产总值的一阶滞后项，*、**、***分别表示在10%、5%和1%的统计性水平上通过了显著性检验，FE 为固定效应，解释变量回归系数括号里面的数为标准误。Sargen-test 括号内为 Prob > chi2 的值。

由于静态面板数据模型可能存在内生性问题，通过 Durbin-Wu-Hausman 检验统计量，拒绝原假设，表明所设定的模型确实存在内生性问题。如果存在内生性问题，使用传统的估计方法进行估计时必将产生参数估计的有偏性和非一致性。[1]为了克服上述弊端，Arellano and Bond、Arellano and Rover以及Blundell and Bond提出了广义矩估计（GMM估计）。GMM估计分为差分GMM和系统GMM估计，系统GMM同时引入被解释变量高阶滞后项以及被解释变量的差分项作为工具变量，大大提高了估计变量的有效性和一致性。系统GMM估计又分为一阶段和两阶段的系统GMM估计。一阶段的Sargan检验未考虑异方差问题，因此存在严重的偏误。Arellano和Bond及后续大量研究表明，应该使用两阶段进行Sargan检验。因此，在本节的实证研究中，我们构建了一个包含被解释变量滞后一期的动态面板模型，报告了两阶段的系统GMM估计结果。表4-19中的模型（3）和模型（4）就是两阶段的系统GMM估计结果，模型（3）是以第二产业占GDP的比重代表产业结构，模型（4）是第二产业就业占总就业人数的比重代表产业结构。动态面板GMM估计被解释变量滞后一期为正，且至少在5%的统计水平上通过了检验，说明城市土地产出率的变化是一个动态的过程，不仅取决于当前因素，还与过去因素有关，存在一定的路径依赖。其他变量的系数符号分别于模型（1）和模型（2）是一致的。

表4-20　不同规模城市动态GMM估计结果

城市分类	小城市		中等城市		大城市		特大城市及以上	
模型	（1）	（2）	（3）	（4）	（5）	（6）	（7）	（8）
consant	0.22** (0.08)	0.25** (0.06)	0.26** (0.12)	0.30** (0.11)	0.28** (0.08)	0.19** (0.06)	0.25** (0.11)	0.30** (0.14)
L. ln LUT	0.33** (0.11)	0.31* (0.08)	0.30** (0.12)	0.35** (0.13)	0.32** (0.15)	0.31*** (0.16)	0.32** (0.15)	0.29*** (0.13)
ln CDE	0.41* (0.15)	0.42** (0.18)	0.58*** (0.22)	0.56** (0.21)	0.65** (0.17)	0.63** (0.23)	0.38*** (0.15)	0.39*** (0.13)
ln LDE	0.06 (0.77)	0.08 (0.55)	0.05*** (0.02)	0.05* (0.02)	−0.06** (0.02)	−0.08** (0.03)	−0.07** (−0.03)	−0.09** (0.03)

---

[1] Bond证明了当被解释变量滞后项与随机误差项相关时，动态项的OLS估计量严重上偏，固定效应OLS估计量严重下偏，随机效应GLS估计量也有偏，并且其他解释变量也存在潜在的内生性。

续表

城市分类	小城市		中等城市		大城市		特大城市及以上	
模型	（1）	（2）	（3）	（4）	（5）	（6）	（7）	（8）
ln POS	0.11**	0.09***	0.25***	0.22*	0.43**	0.42**	0.46**	0.45**
	(0.04)	(0.03)	(0.12)	(0.08)	(0.12)	(0.21)	(0.21)	(0.13)
ln LAR	−0.38**	−0.37***	−0.26**	−0.26*	−0.18**	−0.22**	−0.55**	−0.59**
	(0.07)	(0.10)	(0.11)	(0.12)	(0.05)	(0.06)	(0.15)	(0.22)
ln SIG	0.28**		0.18**		0.16**		0.15	
	(0.22)		(0.07)		(0.05)		(0.22)	
ln SEG		0.19***		−0.15*		−0.28**		−0.25***
		(0.06)		(0.05)		(0.11)		(0.12)
ln MAR	0.51***	0.52**	0.25**	0.22**	0.48**	0.46***	0.20***	0.21**
	(0.23)	(0.24)	(0.16)	(0.12)	(0.21)	(0.22)	(0.08)	(0.07)
ln HUM	0.61*	0.98***	0.28**	0.27**	0.13*	0.12**	0.98*	0.82*
	(0.53)	(0.25)	(0.12)	(0.23)	(0.05)	(0.23)	(0.27)	(0.25)
AR（2）	0.68	0.54	0.58	0.65	0.62	0.53	0.58	0.62
Sargen−test	22.25	22.85	32.96	31.25	32.88	33.2122	25.36	26.26
	(1.00)	(1.00)	(1.00)	(1.00)	(1.00)	(1.00)	(1.00)	(1.00)
obs	686	686	1540	1540	1484	1484	294	294

注：L.ln LUT 表示地区生产总值的一阶滞后项，*、**、***分别表示在10%、5%和1%的统计性水平上通过了显著检验，解释变量回归系数括号里面的数为标准误。Sargen-test 括号内为 Prob > chi2 的值。

不同规模城市的计量分析。2010年《中小城市绿皮书》对划分界定大中小城市提出了新标准，以此为划分依据，我们把市区常住人口50万以下的为小城市，50万~100万的为中等城市，101万~300万的为大城市，300万以上的称之为特大城市及以上。由于存在内生性的问题，这里我们依然采用系统 GMM 两步法进行估计。

表4-20中的模型（1）和模型（2）代表小城市的估计结果，模型（3）和模型（4）代表中等城市的估计结果，模型（5）和模型（6）代表大城市的估计结果，模型（7）和模型（8）代表特大城市及以上的估计结果。

和表4-19中的估计一样，分别用第二产业占GDP的比重和第二产业就业人数占总就业人数的比重代表产业结构。从模型（1）～（8）可以看出，被解释变量滞后一期为正，且至少在10%的统计水平上通过了显著性检验，再次证明了城市土地产出率的变化是一个动态的过程，存在一定的路径依赖。

小城市、中等城市、大城市、特大城市及以上的资本密度对土地产出率的影响显著为正，影响的作用按从大到小依次为大城市、中等城市、小城市、特大城市及以上。可能的原因在于，相比于特大城市及以上，大城市和中等城市资本密度较低，进一步提高资本密度可以产生很大的外部性大，能显著地提高土地产出率❶；小城市虽然资本密度也很低，但是资本的产出率也非常低。特大城市及以上资本产出率高，但由于资本密度已经达到非常高的水平，再进一步提高资本密度所产生的正的外部性作用不明显。

就业密度对土地产出率的影响而言，小城市和中等城市为正，大城市和特大城市及以上显著为负。原因在于：小城市和中等城市资本对劳动的替代性很小，就业密度仍然发挥着提高土地产出率的作用。大城市和特大城市及以上资本对劳动的替代作用非常显著，而且特大城市及以上第二产业占GDP的比重对土地产出率的影响很小而且没有通过显著性检验，说明第二产业对土地产出率的影响大大减弱了，第二产业就业占比对土地产出率的影响为负且通过了显著性检验。

不同城市人口规模对城市土地产出率都具有显著的正向影响，其影响程度按从大到小排序依次为特大城市及以上、大城市、中等城市、小城市。这与城市规模产生的集聚效应密切相关。

城市用地面积对不同规模城市的土地产出率影响为负，且至少在5%

❶ 豆建民,汪增洋.经济集聚、产业结构与城市土地产出率——基于我国234个地级城市1999～2006年面板数据的实证研究[J].财经研究,2010(10):26-36.

的统计性水平上通过了显著性检验，说明我国不同规模城市都存在城市用地面积过度扩张的情况。特大城市及以上对土地产出率的负向影响最大，说明用地扩张所产生的负外部性表现得最为明显。

不同规模城市产业结构状况对土地产出率的影响表现在，小城市第二产业占GDP的比重对土地产出率的影响远高于其他规模城市，第二产业就业占比对土地产出率的影响显著为正，说明资本对劳动没有替代性。中等城市第二产业占GDP的比重要小于小城市，第二产业就业占比对土地产出率的影响为负但作用很小，说明中等城市工业开始逐渐向资本替代劳动的方向发展，但替代性并不明显。❶大城市第二产业占GDP的比重对土地产出率的影响程度和中等城市相差不大，但第二产业就业占比对土地产出率的负向影响大大高于中等城市，说明大城市资本对劳动替代作用非常强。特大城市及以上第二产业占GDP的比重对土地产出率的影响很小且不显著，说明第二产业对土地产出率的影响大大下降了，第二产业就业占比对土地产出率的影响为负且显著，说明大城市就业密度的增加明显不利于提高土地产出率。

市场化水平对土地产出率的影响为正，且都在5%的统计性水平上通过了显著性检验，说明提高城市市场化水平可以显著提高城市土地产出率，影响的大小依次为特大城市及以上、大城市、中等城市和小城市。

人力资本对土地产出率的影响为正，且都通过了显著性检验，影响的按从大到小依次为特大城市及以上、小城市、中等城市和大城市，说明提高人力资本的水平可以显著提高城市土地产出率。

主要结论和建议：城市土地产出率的变化是一个动态的过程，存在一定的路径依赖。提高资本和劳动投入密度能够增加土地产出率，就这两者而言，资本投入密度是影响城市土地产出率的主要因素。城市规模扩大有

---

❶ 豆建民,汪增洋.经济集聚、产业结构与城市土地产出率——基于我国234个地级城市1999~2006年面板数据的实证研究[J].财经研究,2010(10):26-36.

利于提高土地产出率。城市用地扩张对土地产出率产生负的影响。第二产业占GDP的比重对增加土地产出率产生积极的影响，第二产业就业占比对城市土地产出率的影响为负。提高人力资本的水平可以显著提高城市土地产出率。提高市场化水平有利于提高城市土地产出率。政策建议是：第一，提高城市土地产出率是一个渐进的累积过程，需要循序渐进的推进，不可"大跃进"式的盲目推进。第二，政府减少对城市经济的过度干预，政府的作用限定在做好城市发展规划，发挥市场配置资源的决定性作用。第三，防止城市用地过度扩张，注重城市土地内涵式挖潜。第四，发展城市第二产业有助于提高土地产出率，但通过发展第三产业可以提供更多就业岗位，从而有效解决农村剩余劳动力的就业问题。第五，大力发展职业教育和技能培训，通过提高人力资本水平来提高土地产出率。第六，进一步提高城市人口规模，但要与当地的资源和环境承载力相匹配，发挥集聚经济效应，提高土地产出率。第七，不同规模城市提高土地产出率的侧重点不一样，特大城市及以上要大力发展产出率高的服务业；控制城市用地规模；提高市场化水平和人力资本。大城市要提高资本密度和市场化水平；大力发展产出率高的服务业；控制城市用地规模。中等城市要提高资本密度和增加就业密度。小城市要增加就业密度和提高人力资本水平。

（三）单位城市土地就业比较分析

表4-21根据国家统计局网站的数据列出了2005~2016年全国建成区面积和城镇就业人数，中国2005年建成区面积为32521平方公里，到2016年达到54331平方公里，年均增长4.78%；2005年中国城镇就业人数为27293万人，到2016年达到41428万人，年均增长3.87%，城镇用地面积的年增长率要大于城镇就业人数的年均增长率。

表4-21 2005~2016年单位城镇面积就业人数

年份	建成区面积（平方公里）	城镇就业人数（万人）	单位城镇面积就业人数（万人/平方公里）
2005	32521	27293	0.8392
2006	33660	29630	0.8803
2007	35470	30953	0.8727
2008	36295	32103	0.8845
2009	38107	33322	0.8744
2010	40058	34687	0.8659
2011	43603	35914	0.8237
2012	45566	37102	0.8142
2013	47855	38240	0.7991
2014	49772	39310	0.7898
2014	52102	40410	0.7756
2016	54331	41428	0.7625

数据来源：国家统计局网站《中国统计年鉴》。

据此，可以计算出单位城镇面积就业人数从2005年的0.8392万人/平方公里下降到2016年的0.7625万人/平方公里。

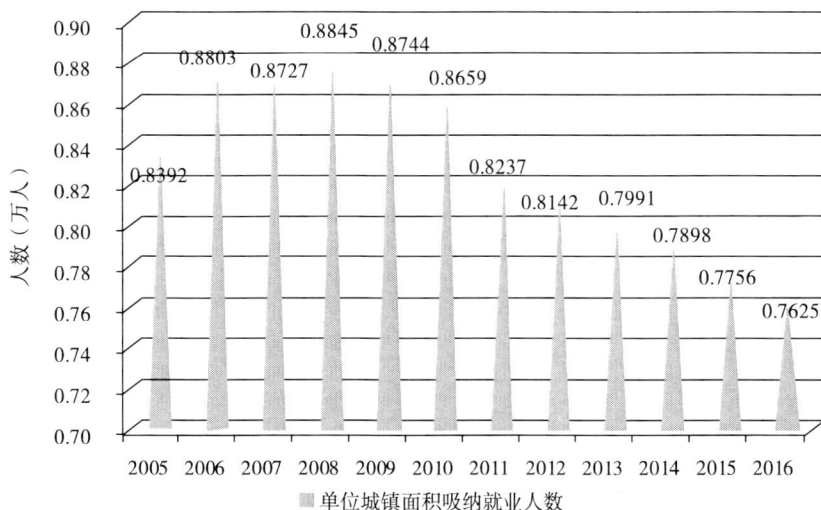

图4-18 2005~2016年单位城镇面积吸纳就业人数

数据来源：国家统计局网站《中国统计年鉴》。

我们也可以利用单位城镇土地就业弹性来表示城镇土地扩张对就业的
吸纳能力,单位城镇土地就业弹性=城镇就业人数增加率/建成区面积增加
率,表示的含义为城镇建设面积每增加一个百分比,所导致的城镇就业人
数增加的百分比。

表4-22   2005~2016年单位面积土地就业弹性

年份	建成区面积 (平方公里)	城镇就业人数 (万人)	建成区面积增 加率(%)	城镇就业人数 增加率(%)	单位面积城镇 土地就业弹性
2005	32521	27293	—	—	—
2006	33660	29630	8.56	3.50	0.4089
2007	35470	30953	4.47	5.38	1.2036
2008	36295	32103	3.72	2.33	0.6263
2009	38107	33322	3.80	4.99	1.3132
2010	40058	34687	4.10	5.12	1.2488
2011	43603	35914	3.54	8.85	2.5000
2012	45566	37102	3.31	4.50	1.3595
2013	47855	38240	5.02	3.07	0.6116
2014	49772	39310	4.01	2.80	0.6983
2015	52102	40410	4.68	2.80	0.5983
2016	54331	41428	4.28	2.52	0.5888

数据来源:国家统计局网站《中国统计年鉴》。

从总体趋势来看,2006年相对于2005年单位面积城镇土地就业弹性为
0.4089,2016相对于2015年的单位面积城镇土地就业弹性为0.5883。虽然
不同的年份有一些波动,但从大的趋势来看,单位面积城镇土地就业弹性
大部分年份都小于1,也就是说,中国随着城镇土地面积的扩张,单位土
地所能吸纳的城镇就业量没有同比例的增加。

图4-19　2006~2016年单位城镇土地就业弹性

注：根据计算的结果进行整理，其中原始数据来源于国家统计局网站《中国统计年鉴》。

二、对农村发展的影响评价

张培刚先生在《农业与工业化》中提出在工业化和城镇化进程中，要特别重视农业的基础地位，加快城镇化进程必须同解决"三农"问题结合起来。中国城镇化对农业发展有积极的作用，但是由于中国的城镇化没有处理好与农村发展的关系，积累了一些矛盾。

（一）城镇化使农业的比较收益降低

中国的城镇化所带来的城乡比较收益差距十分明显，对中国农村所产生的负面影响是巨大的。城镇化使农业的比较收益降低，主要体现在：第一，东部沿海发达地区，农民在城乡比较利益的驱使下，不愿意从事农业耕种。第二，广大的中西部地区，甚至一些适宜种植的农产区，很多农民外出打工，或者从事其他非农生产。

（二）城乡收入差距还在进一步扩大

地方政府通过土地的廉征贵卖及工农产品价格剪刀差，造成了大量的资本从农村流向了城市，农民却未得到完全的报酬，这严重削弱了农村可持续发展的能力。此外，大量的青壮年农民工转移到城镇就业，影响了农业中的劳动力投入。这不可避免也使城乡居民收入差距随着城市化水平的提高而持续扩大（见表4-23）。

表4-23　2000~2016年城乡居民收入状况

年份	农村居民人均纯收入（元）	城镇居民人均可支配收入（元）	城镇居民人均可支配与农村居民人均纯收入的差额（元）	城镇居民与农村居民人均收入比
2000	2253.40	6280.00	4026.60	2.7869
2001	2366.40	6859.60	4493.20	2.8987
2002	2475.60	7702.80	5227.20	3.1115
2003	2622.20	8472.20	5850.00	3.2310
2004	2936.40	9421.60	6485.20	3.2086
2005	3254.9	10493.00	7238.10	3.2238
2006	3587.00	11759.50	8172.50	3.2784
2007	4140.40	13785.80	9645.40	3.3296
2008	4760.60	15780.80	11020.20	3.3149
2009	5153.20	17174.70	12021.50	3.3328
2010	5919.00	19109.40	13190.40	3.2285
2011	6977.30	21809.80	14832.50	3.1258
2012	7916.60	24564.70	16648.10	3.1029
2013	8895.90	26955.10	18059.20	3.0301
2014	9892.00	29381.00	19489.00	2.9702
2015	10772.00	31790.30	21018.30	2.9512
2016	12363.00	33616.00	21253.00	2.7191

数据来源：国家统计局网站《中国统计年鉴》。

城镇居民与农村居民收入差额由2000年的4026.60元扩大到2016年的

21253.00元。可以看出，我们的城镇化未处理好与农村发展的关系，城乡差距在进一步的扩大。

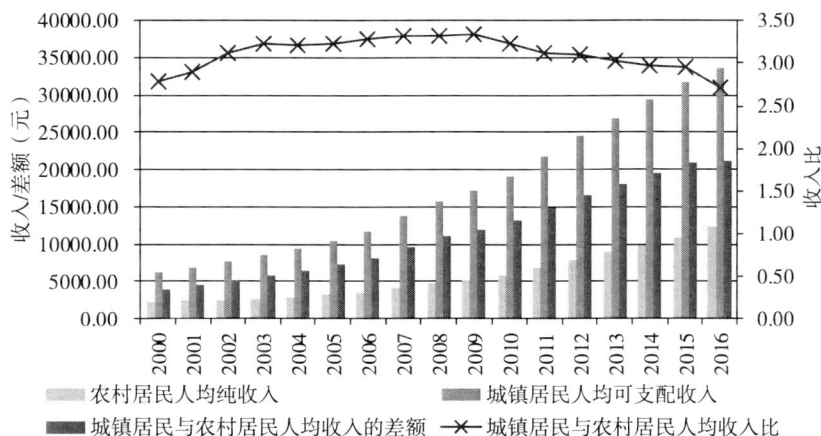

图4-20 城乡居民收入差额和收入比变化趋势

数据来源：国家统计局网站《中国统计年鉴》。

（三）集体土地过度征用，城乡矛盾加剧

城镇化进程中，各地都存在着对集体所有的土地进行征用。征用之后的土地所有权性质从集体所有转变为国有，而补偿给集体土地的费用很少。2004年中国征用土地面积为1612.56平方公里，到2016年达到平方公里，征用土地面积增长非常快，见表4-24。

表4-24 2004~2016年征用土地的面积

年份	征用土地面积（平方公里）	比上年增长（%）
2004	1612.56	—
2005	1263.50	−21.65
2006	1396.48	10.52
2007	1216.03	−12.92
2008	1344.58	10.57
2009	1504.69	11.91

续表

年份	征用土地面积（平方公里）	比上年增长（%）
2010	1641.57	9.10
2011	1841.72	12.19
2012	2161.48	17.36
2013	1831.60	−15.26
2014	1475.90	−19.42
2015	1548.50	4.92
2016	1723.60	11.31

数据来源：国家统计局网站《中国统计年鉴》。

可以看出，从2007年到2012年，中国征用土地的面积呈现大幅度的增长，到2012年达到2161.48平方公里。近几年随着国家对土地征用政策的规范和完善，征用土地面积有一定幅度的下降趋势，但依然很高。见图4-21所示。

图4-21　2004~2016年征用土地面积变动情况

数据来源：2004~2016年《中国统计年鉴》。

（四）城镇化造成了耕地的减少

中国城镇化存在盲目占用耕地的现象，1996~2011年中国的耕地数减少了97.145万公顷，2012~2016年随着国家对耕地保护的重视，耕地数量

有了一定程度的增加，但是城镇化不合理占用耕地的现象依然存在（见表
4-25）。

表4-25　1996~2016年耕地数和人均耕地数

年份	耕地数（万公顷）	人均耕地数（公顷/人）
1996	1213.130	0.0996
1997	1201.270	0.0977
1998	1215.890	0.0979
1999	1210.350	0.0966
2000	1209.710	0.0958
2001	1200.340	0.0944
2002	1189.320	0.0929
2003	1166.640	0.0905
2004	1221.802	0.0943
2005	1183.472	0.0908
2006	1181.432	0.0901
2007	1093.350	0.0830
2008	1086.170	0.0820
2009	1099.990	0.0826
2010	1113.517	0.0832
2011	1115.985	0.0830
2012	1351.198	0.0998
2013	1353.320	0.0995
2014	1342.162	0.0981
2015	1349.865	0.0982
2016	1349.566	0.0976

数据来源：1996~2016年《中国统计年鉴》。

与此同时，中国的人均耕地面积由1996年的0.0996公顷/人下降到
2016年的0.0976公顷/人。人均耕地面积比较少，耕地减少对中国粮食安
全的带来了重大挑战。

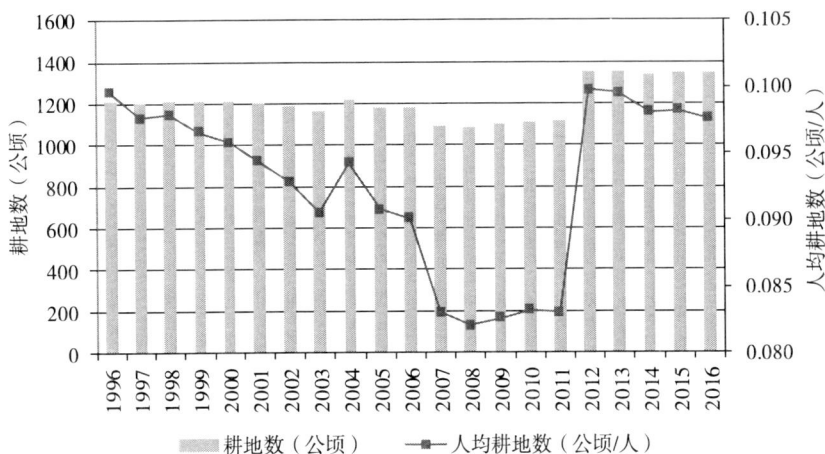

图4-22　1996~2016年耕地数和人均耕地数变化情况

数据来源：国家统计局网站《中国统计年鉴》。

（五）城市污染向农村蔓延和转移

在城镇化进程中，城市制定了相对严格的环保标准，城市居民对环境质量的要求越来越高，使得一些污染企业向农村转移。一些城郊接合部成为城市生活垃圾及工业废渣的堆放地。一些工业企业污染未经处理直接排放到附近农田湖泊，严重污染了农业生产环境。

（六）农民"被城镇化"

在城镇化进程中，一些地方没有充分尊重农民意愿，大规模征地拆迁，导致农民被迫失去土地，农民"被城镇化"。[1]一方面，广大农民在短时间内变为城镇常住人口，但由于缺乏就业技能，城市能够吸纳就业的容量有限，使得大量"被城镇化"的农民失业；另一方面，随着大量农民工"进城上楼"，农村青壮年劳动力不断流失，农业可持续发展能力减弱。[2]

---

[1] 从某种程度上说，许多地方的城镇化比较偏重于城镇规模的扩大、城镇人口的增多、经济数据的增长，往往比较忽视农村自身的发展、农民心理上进城、农业的转型升级。

[2] 习近平. 城镇化决不能让农村荒芜[EB/OL].（2013-07-24）[2018-06-15]. http://news.163.com/13/0724/08/94HMI3RJh00014AED.html.

第四节 本章小结

本章主要通过数据进行测算，分析了目前中国土地城镇化、人口城镇化和产业集聚发展的现状和效率。

当前，中国土地城镇化快于人口城镇化的现状非常明显。从国家层面上来看，通过用城镇用地增长弹性系数来测度土地城镇化和人口城镇化的速度发现，从2000~2016年，中国绝大多数年份建成区面积增长率都大于城镇人口增长率，除了个别年份城镇用地增长弹性系数小于1.12外，其他大部分年份城镇用地增长弹性系数均大于1.12，最大为2016年达到2.9517。从四大区域来看，东部、中部、西部和东北部的城镇用地增长弹性系数分别为2.65、1.26、1.93和3.08，都高于国际公认的1.12的水平，这说明土地城镇化都快于人口城镇化。从省级层面来看，各个省（市）、直辖市城镇建设用地增长弹性系数存在一定的差异，城镇建设用地增长弹性系数最大的是吉林省，达到6.2794，土地城镇化扩张最快；最小的是海南省，仅为0.3882。根据国际公认的城镇建设用地增长弹性系数1.12的标准来看，北京、天津、内蒙古、辽宁、吉林、黑龙江、上海、江苏、浙江、安徽、福建、江西、山东、河南、湖北、湖南、广东、广西、重庆、四川、贵州、云南、西藏、陕西、甘肃、青海、宁夏、新疆的土地城镇化都快于人口城镇化。仅河北、山西、海南的土地城镇化慢于人口城镇化。中国城市人口密度不高且呈下降趋势，2006年中国城镇人口密度为17317人/平方公里，2016年降至14595人/平方公里，这与中国人多地少的国情不相符合。产业集聚吸纳就业人口不足，根据1996~2016年各年的情况来看，城镇年新增就业人数小于城镇年新增人口数，它们之间的差额大约在1000万人左右。

就当前的情况而言，中国城镇化进程中单位土地GDP产出率普遍偏低、单位土地就业人数呈下降趋势、城市发展给农村经济带来了一系列的问题，这样的城镇化是不可持续的。从中国土地城镇化、人口城镇化及产业集聚发展效率比较分析来看，中国主要城市的单位城市土地GDP产出率普遍偏低，相比于国外的大城市存在着很大的差异。以北京市为例，北京市单位城市土地GDP产出率大约是纽约的1/5，是东京的1/2，是首尔的4/9。中国单位城镇面积就业人数从2005年的0.8392万人/平方公里下降到2016年的0.7625万人/平方公里。从中国城镇化对农村发展的影响分析来看，中国城镇化对农业发展有积极的作用，但是由于中国的城镇化没有很好地处理与农村发展的关系，积累了一些矛盾，主要表现在：城镇化使农业的比较收益降低；城乡收入差距还在进一步扩大，城镇居民与农村居民收入差额由2000年的4026.60元扩大到2016年的21253.00元；圈地之风盛行，城乡矛盾加剧；城镇化造成了耕地的减少，中国的人均耕地面积由1996年的0.0996公顷/人下降到2016年的0.0976公顷/人，耕地减少给中国粮食安全带来了严重挑战；城市污染向农村蔓延和转移；农民"被城镇化"，对农村社会带来巨大的冲击。

城市土地产出率的变化是一个动态的过程，存在一定的路径依赖。提高资本和劳动投入密度能够增加土地产出率，就这两者而言，资本投入密度是影响城市土地产出率的主要因素。城市规模扩大有利于提高土地产出率。城市用地扩张对土地产出率产生负的影响。第二产业占GDP的比重对增加土地产出率产生积极的影响，第二产业就业占比对城市土地产出率的影响为负。提高人力资本的水平可以显著提高城市土地产出率。提高市场化水平有利于提高城市土地产出率。政策建议是：第一，提高城市土地产出率是一个渐进的累积过程，需要循序渐进的推进，不可"大跃进"式的盲目推进。第二，政府减少对城市经济的过度干预，政府的作用限定在做好城市发展规划，发挥市场配置资源的决定性作用。第三，防止城市用地过度扩张，注重城市土地内涵式挖潜。第四，发展城市第二产业有助于提高土地产出率，但通过发展第三产业可以提供更多就业岗位，从而有效解决农村剩余劳动力的就业问题。第五，大力发展职业教育和技能培训，通过提高人力资本水平来提高土地产出率。第六，进一步提高城市人口规模，但要与当地的资源和环境承载力相匹配，发挥集聚经济效应，提高土地产出率。第七，不同规模城市提高土地产出率的侧重点不一样，特大城市及以上要大力发展产出率高的服务业；控制城市用地规模；提高市场化水平和人力资本。大城市要提高资本密度和市场化水平；大力发展产出率高的服务业；控制城市用地规模。中等城市要提高资本密度和增加就业密度。小城市要增加就业密度和提高人力资本水平。

第五章 基于人口、土地及产业协调发展的城镇化效率研究

第一节 研究背景和思路

改革开放以来，我国城镇化快速发展，然而我国城镇化从总体来看还是一种依赖高投入、高消耗、高污染、低效率的粗放型增长方式，我国城镇化进程中效率问题研究日益成为国内外研究的热点问题。基于土地城镇化、人口城镇化及产业集聚协调发展的视角，中国城镇化效率包含两个重要的维度，一个是单位土地产出率；另一个是单位土地就业率。单位土地产出率是对城市自身发展的评价，单位土地就业率是考察城市对农村人口的吸纳能力和承载力。中国当前的城镇化存在一个突出问题，即土地城镇化快于人口城镇化，土地城镇化扩张太快，不少城镇的低效用地导致了土地资源的大量浪费。从总体上看，中国主要城市的单位城市土地GDP产出率普遍偏低，相比于国外的大城市存在着很大的差异。以北京市为例，北京市单位城市土地GDP产出率大约是纽约的1/5，是东京的1/2，是首尔的4/9。根据国家统计局网站的数据，我国单位城镇面积就业人数从2005年的0.8392万人/平方公里下降到2016年的0.7921万人/平方公里。从单位土地产出率的角度来看，中国城市土地产出率普遍偏低，而且城市之间差异也很大。从单位土地就业率的角度来看，2005~2016年我国单位城镇面积就业人数在下降。那么，我国城镇化效率究竟呈现出怎样的时间和

空间规律?

国内学者主要利用数据包络（DEA）以及曼奎斯特指数（Malmquist）方法来比较中国各省市（区）的城镇化效率，从研究的对象上来划分，有研究中国各省市城市化效率的；有以地级及其以上城市为研究对象的；有以特定区域为研究对象的。中国各省市（区）城市化效率的研究有：王家庭、赵亮采用Malmquist效率指数和DEA-CCR模型，从静态和动态角度测算了中国各省市（区）2002~2006年的城市化效率。[1]林勇等通过DEA方法探讨了中国2002~2011年30个省市（区）的土地城镇化的经济效率变化情况，并且利用固定投入、单一产出的Malmquist指数对比分析了土地城镇化对各项产出的影响程度。[2]以地级及其以上城市为研究对象的有：肖文、王平采用DEA-Malmquist指数方法，测算了中国248个城市2000~2008年的经济增长效率和城市化效率，并在此基础上比较了不同区域、不同规模城市的效率。[3]戴永安将传统的DEA方法与超效率DEA方法相结合，使用2001~2007年中国266个地级及以上城市的投入产出数据，分析了中国城市效率的变化趋势和空间差异。[4]以特定区域为研究的对象：陈虎刚、袁惊柱运用DEA方法，以四川省地级城市为研究对象，分别从静态和动态角度考察了四川省地级城市2000~2009年的城市化效率。[5]王晓伟等以新疆各地区的城市化效率为研究对象，运用采用DEA-Malmquist指数方法对新疆各地区2005~2009年的城市化效率进行了动态分析。[6]陈先强以武汉

❶ 王家庭,赵亮.中国区域城市化效率的动态评价[J].软科学,2009(7):92-98.

❷ 林勇等.中国土地城镇化对经济效率的影响[J].城市问题,2014(5):28-33.

❸ 肖文,王平.中国城市经济增长效率与城市化效率比较分析[J].城市问题,2011(2): 12-16.

❹ 戴永安.中国城市效率差异及其影响因素——基于地级及以上城市面板数据的研究[J].上海经济研究,2010(12):12-19.

❺ 陈虎刚,袁惊柱.基于DEA方法的城市化效率评价:以四川省为例[J].云南财经大学学报(社会科学版),2011(6):98-101.

❻ 王晓伟,邓峰,魏佳.新疆各地区城市化效率动态分析——基于DEA-Malmquist指数方法[J].特区经济, 2012(9):183-185.

城市圈9个城市为研究对象，运用DEA方法测度了武汉城市圈9个城市2005~2009年的城市化效率。[1]岳立、曾鑫建立城市化效率投入产出指标体系，基于DEA-Malmquist指数方法对西部11省城市化效率评价。[2]牟玲玲运用超效率DEA模型测度1998~2012年河北省新型城镇化效率发展趋势。[3]张荣天、焦华富以长江三角洲地区为例，构建城镇化效率的指标体系，运用DEA模型测度1990~2011年研究区城镇化效率。[4]王晓云、杨秀平、张雪梅以甘肃省12个地级市为研究对象，选用DEA模型从人口与土地城镇化协调发展的视角评价城镇化动态效率和静态效率，并建立面板Tobit回归模型分析城镇化静态效率的影响因素。[5]

　　本章采用DEA-Malmquist方法进行城市化效率研究，相比于已有的研究，本部分的实证分析有如下特点：第一，DEA研究方法首先要找出投入和产出指标，本部分是基于土地城镇化、人口城镇化和产业集聚发展的城市化效率评估，所以在指标选取中，我们依据研究的具体内容进行指标的选定，所以在指标选择中和以往的研究会有一些差异。第二，当前研究多在选取投入和产出指标后，进行综合效率的整体比较，对于投入和产出的内部结构和细分研究不够。基于此，除了进行综合效率比较外，本部分还以固定投入指标来研究单一产出指标的Malmquist指数，研究投入指标对于每个产出指标的贡献程度，并对各产出指标的效率情况进行横向区域比

❶ 陈先强.武汉城市圈城市化效率实证研究[J].华中农业大学学报(社会科学版),2012(1):86-89.

❷ 岳立,曾鑫.基于DEA- Malmquist指数方法的西部11省城市化效率评价[J].湖南财政经济学院学报,2013(6):61-66.

❸ 牟玲玲,吕丽妹,安楠.新型城镇化效率演化趋势及其原因探析——以河北省为例[J].经济与管理,2014(7):91-97.

❹ 张荣天,焦华富.长江三角洲地区城镇化效率测度及空间关联格局分析[J].地理科学,2015(4):433-439.

❺ 王晓云,杨秀平,张雪梅.基于DEA-Tobit两步法的城镇化效率评价及其影响因素——从人口城镇化与土地城镇化协调发展的视角[J].2017(5):29-34.

较与纵向时序比较，便于提出更加具体和针对性的政策建议。第三，研究了投入变量，特别是城镇化进程中建成区面积的集约效率，以检验投入指标建成区面积是否达到集约利用的水平。

第二节　模型构建：DEA- Malmquist 指数方法

1978年由著名的运筹学家Charnes、W.W.Cooper及Rhodes首先提出数据包络分析方法，用来用于评价相同部门间的相对有效性（简称DEA模型）。其主要原理是运用数学中的线性规划以及数据统计方法来确定参考决策单元[1]，比较各决策单元与参考决策单元的相对效率，通过比较各决策单元与参考决策单元的偏离程度和大小来评价是否有效。[2]

假设有n个决策单元，每个决策单元的投入产出分别为i种和i种，这样就构成了一个多指标投入和多指标产出的评价系统，可以表示如下。

设，有n个决策单元（$j = 1, 2, 3, \cdots, n$），每个决策单元有相同的p项投入（$i = 1, 2, \cdots, n$）和q项产出（$r = 1, 2, \cdots, q$），x_{ij}和y_{rj}分别表示第j决策单元的第i项投入和第r项产出，则

$$h_k = \frac{u_1 \cdot y_{1k} + \cdots + u_{p1} \cdot y_{pk}}{v_1 \cdot x_{1k} + \cdots + v_{p1} \cdot x_{pk}} = \frac{\sum_{j=1}^{q} u_j \cdot y_{jk}}{\sum_{i=1}^{p} v_i \cdot x_{ik}} \qquad (k = 1, 2, \cdots, n) \qquad (5\text{-}1)$$

式（5-1）中，h_k代表了效率指标，表示第k个决策单元多投入和多产出所产生的经济效率，通过计算公式可以看出，h_k的大小取决于产出加权之和与投入加权之和，两者的比值即h_k的值。u和v的值表示权系数的大小，可以进行适当的选择，使得$h_k \leqslant 1, k = 1, \cdots, n$。

我们可以建立评价第k_0个决策单元相对有效性的CCR模型。假设第k_0

---

[1] 参考决策单元指的是相对有效的生产前沿面。

[2] 魏权龄. 数据包络分析[M]. 北京:科学出版社,2004:1-58.

个决策单元的投入向量和产出向量分别可以表示成

$$\boldsymbol{X}_0 = (x_{1k_0}, x_{2k_0}, \cdots, x_{pk_0})^{\mathrm{T}}, \quad \boldsymbol{Y}_0 = (y_{1k_0}, y_{2k_0}, \cdots, y_{qk_0})^{\mathrm{T}}$$

效率指标 $h_0 = h_{k0}$，目标函数是使得 i 达到最大值，其中，约束条件可以表示为 $h_k \leqslant 1$，优化模型可以表示成

$$\max h_0 = \frac{\sum_{j=1}^{q} u_i \cdot y_{jk_0}}{\sum_{i=1}^{p} v_i \cdot x_{ik_0}} = \frac{u_1 \cdot y_{1k_0} + u_2 \cdot y_{2k_0} + \cdots + u_p \cdot y_{pk_0}}{v_1 \cdot x_{1k_0} + v_2 \cdot x_{2k_0} + \cdots + v_p \cdot x_{pk_0}} \tag{5-2}$$

$$\text{s.t.} \begin{cases} \dfrac{\sum_{j=1}^{q} u_i \cdot y_{jk}}{\sum_{i=1}^{p} v_i \cdot x_{ik_0}} = \dfrac{u_1 \cdot y_{1k} + u_2 \cdot y_{2k} + \cdots + u_p \cdot y_{pk}}{v_1 \cdot x_{1k} + v_2 \cdot x_{2k} + \cdots + v_p \cdot x_{pk}} \quad (k = 1, 2, \cdots, n) \\ u_j, v_i \geqslant 0 \ (j = 1, 2, \cdots, q; i = 1, 2, \cdots, p) \end{cases} \tag{5-3}$$

优化模型中 x_{ik}，y_{rk} 为已知数，v_i，u_i 为变量。模型以第 k_0 个决策单元的效率指数为目标，以权系数 v_j，u_j 为变量，以 h_0 所有决策单元的效率指标为约束条件，评价第 k_0 个决策单元的效率。

记 $\boldsymbol{X}_K = (x_{1k}, x_{2k}, \cdots, x_{pk})^{\mathrm{T}}, \boldsymbol{Y}_K = (y_{1k}, y_{2k}, \cdots, y_{qk})^{\mathrm{T}}$，则有矩阵形式 $(\bar{P})$

$$\text{Max} h_0 = \frac{\boldsymbol{U}^{\mathrm{T}} \cdot \boldsymbol{Y}_0}{\boldsymbol{V}^{\mathrm{T}} \cdot \boldsymbol{X}_0} \tag{5-4}$$

$$\text{s.t.} \begin{cases} \dfrac{\boldsymbol{U}^{\mathrm{T}} \cdot \boldsymbol{Y}_K}{\boldsymbol{V}^{\mathrm{T}} \cdot \boldsymbol{X}_K} \leqslant 1 \quad (k = 1, 2, \cdots, n) \\ \boldsymbol{U}, \boldsymbol{V} \geqslant 0 \end{cases} \tag{5-5}$$

通过 Charnes-Cooper 变换，转化为一个等价的线性规划模型。

令 $t = \dfrac{1}{\boldsymbol{V}^{\mathrm{T}} \cdot \boldsymbol{X}_0}$，$t \cdot \boldsymbol{V} = \boldsymbol{\omega}, t \cdot \boldsymbol{U} = \boldsymbol{\mu}$，

$$\frac{\boldsymbol{U}^{\mathrm{T}} \cdot \boldsymbol{Y}_0}{\boldsymbol{V}^{\mathrm{T}} \cdot \boldsymbol{X}_0} = t \cdot \boldsymbol{U}^{\mathrm{T}} \cdot \boldsymbol{Y}_0 = (t \cdot \boldsymbol{U})^{\mathrm{T}} \cdot \boldsymbol{Y}_0 = \boldsymbol{\mu}^{\mathrm{T}} \cdot \frac{\boldsymbol{U}^{\mathrm{T}} \cdot \boldsymbol{Y}_K}{\boldsymbol{V}^{\mathrm{T}} \cdot \boldsymbol{X}_K} = \frac{t \cdot \boldsymbol{U}^{\mathrm{T}} \cdot \boldsymbol{Y}_K}{t \cdot \boldsymbol{V}^{\mathrm{T}} \cdot \boldsymbol{X}_K} = \frac{(t \cdot \boldsymbol{U})^{\mathrm{T}} \cdot \boldsymbol{Y}_K}{(t \cdot \boldsymbol{V})^{\mathrm{T}} \cdot \boldsymbol{X}_K} = \frac{\boldsymbol{\mu}^{\mathrm{T}} \cdot \boldsymbol{Y}_K}{\boldsymbol{\omega}^{\mathrm{T}} \cdot \boldsymbol{X}_K}$$

$$\tag{5-6}$$

将上述的约束条件转化为等式约束，这里引入松弛变量 s^+ 和剩余变量 s^-，可转化成如下形式

$$\begin{cases} \min \theta \\ \text{s.t.} \displaystyle\sum_{j=1}^{n} \lambda_j \chi_j + s^+ = \theta \chi_0 \\ \displaystyle\sum_{j=1}^{n} \lambda_j \chi_j + s^- = \theta y_0 \\ \lambda \geq 0, \quad (j = 1, 2, \cdots, n) \\ \theta \text{无约束}, s^+ \geq 0, s^- \leq 0 \end{cases} \quad (5\text{-}7)$$

此时CCR模型可以用来判定技术是否有效的同时规模亦有效：

第一种情况，如果 $\theta^* = 1$，而且 $s^{+*} = 0$，$s^{-*} = 0$，那么经济活动的决策单元技术有效的同时，规模也有效，可以称为决策单元DEA有效。

第二种情况，如果 $\theta^* = 1$，但是经济活动的决策单元不同时具备技术有效和规模有效的条件，可以称为决策单元弱DEA有效。

第三种情况，如果 $\theta^* < 1$，那么经济活动的决策单元不仅不是技术有效，而且也不是规模有效，可以称为决策单元非DEA有效。

非参数 Malmquist 指数方法可以看成是数据包络法的进一步拓展，用来测度决策单元的投入和产出水平的效率。[1]Malmquist 指数定义为[2]

$$M_t(x^t, y^t, x^{t+1}, y^{t+1}) = \frac{D_0^t(x^{t+1}, y^{t+1})}{D_0^t(x^t, y^t)} \quad (5\text{-}8)$$

$$M_{t+1}(x^t, y^t, x^{t+1}, y^{t+1}) = \frac{D_0^{t+1}(x^{t+1}, y^{t+1})}{D_0^{t+1}(x^t, y^t)} \quad (5\text{-}9)$$

Malmquist生产率指数为

$$M(x^t, y^t, x^{t+1}, y^{t+1}) = (M_t \times M_{t+1})^{\frac{1}{2}} = \left[\frac{D_0^t(x^{t+1}, y^{t+1})}{D_0^t(x^t, y^t)} \times \frac{D_0^{t+1}(x^{t+1}, y^{t+1})}{D_0^{t+1}(x^t, y^t)} \right]^{\frac{1}{2}}$$

$$= \frac{D_0^{t+1}(x^{t+1}, y^{t+1})}{D_0^t(x^t, y^t)} \times \left[\frac{D_0^t(x^{t+1}, y^{t+1})}{D_0^t(x^{t+1}, y^{t+1})} \times \frac{D_0^t(x^{t+1}, y^{t+1})}{D_0^{t+1}(x^t, y^t)} \right]^{\frac{1}{2}} \quad (5\text{-}10)$$

---

[1] 林勇，等.中国土地城镇化对经济效率的影响[J].城市问题，2014(5)：28-33.

[2] 以 t 时期和 $t+1$ 时期为技术参照的面板数据的 Malmquist 指数——参照卡夫斯、克里斯滕森和迪沃特等人的定义。

Malmquist 指数可以看成是 EFFCH 与 TECH 的乘积，也就是效率变化指数和技术进步指数的乘积。EFFCH 和 TECH 分别测度的是决策单元从 t 时期到 $t+1$ 时期的变动情况，EFFCH 反映的是生产效率的提升，TECH 反映的是技术创新情况。在规模收益可变情况下，Malmquist 可以表示成"纯技术效率×规模效率×技术进步"三者的乘积。

第三节　指标选取和数据来源

本书选取中国 30 个省市（区）作为决策单元，由于西藏的统计数据很多存在缺失，所以从决策单元中剔除。本节选取的是从 2000 年到 2016 年的面板数据，数据均来自于 2001~2017 年的《中国统计年鉴》和国家统计局网站。在指标的选取上，以资本、土地和劳动力作为投入指标。在产出指标的选取中，考虑到本节是基于土地城镇化、人口城镇化和产业集聚发展视角的城镇化效率，综合考虑这三种的关系，首先在产出指标中选取单位城镇土地产出率和单位城镇土地就业率两个指标，同时为了进行比较，还选取人均 GDP 产出指标进行纵向分析。

土地和资本以及劳动力一样，作为一种投入要素，用各省市（区）建成区面积来表示，反映的是中国在城镇化进程中土地要素的投入量，单位为平方公里。劳动力指标采用市区非农从业人员数表示，单位为万人。

关于资本投入数据，需要借助永续盘存法首先对地区资本存量进行估算[1]，其计算公式为

$$K_{i,t} = K_{i,t-1}(1 - \delta_{i,t}) + I_{i,t}/p_t \tag{5-11}$$

其中，i 和 t 分别表示地区和时序；$K_{i,t}$ 和 $I_{i,t}$ 分别表示第 i 个省市（区）第 t 年的资本存量和投资；δ_{it} 代表折旧率。p_t 表示固定资产投资价格指数，

---

[1] 各地区资本存量数据无法直接获得，现在普遍采用永续盘存法测算资本存量。

以2000年为基期。初始资本存量用基期年固定资本投资总额除以10%得出[1]，折旧率δ_{it}取6%[2]，非农产业资本存量将各城市总资本存量乘以97.15%得出。[3]

产出指标包括单位土地产出率、单位土地就业量和人均GDP。城镇单位土地产出率用城市GDP/建成区面积，单位为万元/平方公里；城镇单位土地就业量用非农从业人员数/建成区面积，单位为万人/平方公里；人均GDP用城市GDP/城镇总人口，单位为万元/人。

第四节　效率水平分析

一、总体城镇化效率分析

本节使用Deap 2.1软件进行实证研究，首先用多投入和多产出的DEA模型分析了全国各省市（区）的综合经济效率，从整体上了解中国城镇化效率。

从总体来看，中国各省市（区）Malmquist效率指数的均值为0.84，说明在整个研究期间，各省市的城镇化效率在不断下降。将其进行分解，经济效率变动的均值为0.94，而技术变动均值为0.89，从整体上来看，技术进步的无效变动是导致中国整体城镇化率不断下降的主要原因（表5-1）。

---

[1] YOUNG A. Gold into base metals: productivity growth in the Peoples Republic of China during the reform period[J]. Journal of political economy, 2003, 111(6): 1220-1261.

[2] HALL R E, JONES C I. Why do some countries produce so much more output per worker than others?[J]. Quarterly journal of economics, 1999, 114(2): 83-116.

[3] 戴永安. 中国城市化效率及其影响因素——基于随机前沿生产函数的分析[J]. 数量经济技术经济研究, 2010(12): 103-132.

表5-1　2000~2016年中国30个省市（区）Malmquist效率指数及分解指标

地区	经济效率	技术变动	技术效率	规模效益	Malmquist效率指数
北京	0.99	0.95	1.00	0.99	0.93
天津	1.00	0.96	1.00	1.00	0.94
河北	0.92	0.90	0.91	1.01	0.83
辽宁	0.88	0.83	0.92	0.99	0.79
上海	1.00	1.02	1.00	1.01	1.09
江苏	0.97	0.93	0.99	1.00	0.91
浙江	1.00	0.93	1.00	1.03	0.93
福建	0.95	0.88	0.94	1.01	0.80
山东	0.98	0.86	0.97	1.01	0.83
广东	1.00	0.83	1.00	1.05	0.81
广西	0.92	0.83	0.91	0.99	0.76
海南	9.96	0.86	0.98	0.99	0.81
山西	0.98	0.85	0.92	1.09	0.84
内蒙古	0.92	0.86	0.92	1.03	0.86
吉林	0.94	0.86	0.95	1.01	0.85
黑龙江	0.98	0.82	0.96	1.02	0.82
安徽	0.88	0.84	0.90	0.98	0.79
江西	0.91	0.81	0.91	1.00	0.80
河南	0.90	0.82	0.92	0.98	0.79
湖北	0.91	0.90	0.92	0.99	0.81
湖南	0.90	0.89	0.90	1.02	0.80
重庆	0.93	0.96	0.93	1.00	0.88
四川	0.92	0.91	0.90	1.02	0.84
贵州	0.92	0.91	0.89	1.01	0.81
云南	0.91	0.90	0.88	1.02	0.81
陕西	0.95	0.92	0.91	1.02	0.86
甘肃	0.94	0.83	0.92	1.02	0.78
青海	0.94	0.90	0.92	1.00	0.85
宁夏	0.92	0.90	0.92	1.00	0.83

续表

地区	经济 效率	技术 变动	技术 效率	规模 效益	Malmquist 效率指数
新疆	0.96	0.90	0.93	1.03	0.86
均值	0.94	0.89	0.94	1.01	0.84

注：结果根据Deap 2.1软件生成。

　　下面分区域研究城镇化效率，将我国分为四大经济区域[●]，从表5-2中可以直观地看到，东部地区的Malmquist效率指数的均值为0.89，中部地区为0.81，西部地区为0.83，东北地区为0.82，其中中部、西部和东北地区Malmquist效率指数均低于平均水平。说明我国的四大经济区域的城镇化效率都处于不断下降的状态。可以得出，城市化进程中的无效率现象是普遍存在的。虽然东部的经济发展发展水平要好于中西部地区，但是东部地区的城镇化效率并没有明显的提高。

表5-2　2000~2016年我国四大区域Malmquist效率指数及分解指标

地区	经济 效率	技术 变动	技术 效率	规模 效益	Malmquist 效率指数
东部地区	0.98	0.91	0.98	1.01	0.89
中部地区	0.91	0.85	0.91	1.01	0.81
西部地区	0.93	0.89	0.91	1.01	0.83
东北地区	0.93	0.84	0.94	1.01	0.82
均值	0.94	0.87	0.94	1.01	0.84

注：根据Deap 2.1软件生成结果进行分类整理。

　　根据30个省市（区）Malmquist效率指数的大小，可以将各个地区的效率变动划分为四种类型。用M来表示Malmquist效率指数，当$M>1$，称为有效增长型；$0.9<M<1$，称为低无效增长型；$0.8<M<0.9$，称为高无效增长型；$M<0.8$，称为强无效增长型（见表5-3）。

　　[●] 东部包括：北京、天津、河北、上海、江苏、浙江、福建、山东、广东和海南；中部包括：山西、安徽、江西、河南、湖北和湖南；西部包括：内蒙古、广西、重庆、四川、贵州、云南、西藏、陕西、甘肃、青海、宁夏和新疆；东北包括：辽宁、吉林和黑龙江。

表5-3　2000~2016年中国30个省市（区）城市化效率成长模式

增长类型	有效增长型 $M>1$	低无效增长型 $0.9<M<1$	高无效增长型 $0.8<M<0.9$	强无效增长型 $M<0.8$
地区	上海	北京、天津、江苏、浙江	河北、山东、福建、广东、江西、海南、山西、内蒙古、吉林、黑龙江、湖北、湖南、重庆、四川、云南、贵州、陕西、青海、宁夏、新疆	辽宁、广西、安徽、河南、甘肃

注：根据Deap 2.1软件生成结果进行统计分类。

二、各产出指标的经济效率比较分析

下面考察各产出指标的经济效率，多项投入保持不变，分析投入对单个产出指标的贡献作用。

（一）以城市人均GDP为产出的Malmquist效率指数

当投入要素不变，产出为城市人均GDP时，可以计算出中国30个省市（区）Malmquist效率指数。发现30个省市（区）中，只有11个省市（区）的Malmquist效率指数没有达到1，占总样本的36.6%，可以看出，大多数处于效率水平增长阶段，且标准差非常小，Malmquist效率指数比较接近，均在1附近浮动。这说明以城市人均GDP为产出的Malmquist效率指数而言，各省市（区）城镇化的投入对城市人均GDP的作用比较突出。

（二）以单位土地产出率为产出的Malmquist效率指数

当投入要素依然保持不变，产出为单位土地产出率时，同样可以计算出中国30个省市（区）Malmquist效率指数。从表5-4中可以发现，在30个省市（区）中，有28个省市（区）的Malmquist效率指数没有达到1，占总样本的93%，可以看出，大部分省市（区）的Malmquist效率处于下降阶段，且标准差非常大，这说明对以单位土地产出率为产出的Malmquist效率指数而言，各省市（区）城镇化的投入对单位土地产出率的作用不明显。这在一定程度上与地方政府依赖土地财政、大力推行土地城镇化有很大的关联。

表5-4　2000~2016年中国30个省市（区）多投入单产出Malmquist效率指数

地区	以城市人均GDP为产出的Malmquist效率指数	以单位土地产出率为产出的Malmquist效率指数	以单位土地就业量为产出的Malmquist效率指数
北京	1.06	0.98	1.02
天津	1.03	1.03	1.01
河北	0.98	0.95	0.95
辽宁	0.99	0.97	0.96
上海	1.08	1.06	1.02
江苏	1.04	0.93	1.01
浙江	1.03	0.94	0.93
福建	1.03	0.93	0.95
山东	1.03	0.95	0.96
广东	1.01	0.97	0.95
广西	0.99	0.96	0.92
海南	1.02	0.94	0.99
山西	0.95	0.95	0.95
内蒙古	1.03	0.94	0.93
吉林	1.03	0.92	0.94
黑龙江	1.01	0.92	0.92
安徽	0.95	0.89	0.92
江西	0.97	0.91	0.91
河南	0.98	0.91	0.90
湖北	1.00	0.92	0.91

续表

地区	以城市人均GDP为产出的Malmquist效率指数	以单位土地产出率为产出的Malmquist效率指数	以单位土地就业量为产出的Malmquist效率指数
湖南	0.98	0.92	0.91
重庆	1.01	0.94	0.94
四川	1.03	0.95	0.93
贵州	0.95	0.90	0.89
云南	1.02	0.90	0.90
陕西	1.01	0.90	0.89
甘肃	1.02	0.91	0.91
青海	1.01	0.93	0.93
宁夏	0.97	0.92	0.90
新疆	0.95	0.94	0.92

注：结果根据Deap 2.1软件生成。

（三）以单位土地就业量为产出的Malmquist效率指数

当投入要素保持不变，产出为单位土地就业量时，同样可以计算出中国30个省市（区）Malmquist效率指数。从表5-4中可以发现，在30个省市（区）中，有26个省市（区）的Malmquist效率指数没有达到1，占总样本的86.6%，可以看出，大部分省市（区）的Malmquist效率处于下降阶段，且标准差也非常大，这说明对以单位土地就业量为产出的Malmquist效率指数而言，各省市（区）城镇化的投入对单位土地就业量的作用不明显。

通过比较以城市人均GDP、单位土地产出率、单位土地就业量为产出的Malmquist效率指数，我们可以发现，各省市（区）城镇化的投入对城市人均GDP的作用比较突出。各省市（区）城镇化的投入对单位土地产出率和单位土地就业量的作用不明显。这说明我们基于土地城镇化、人口城镇化和产业集聚发展的两个很重要的指标——单位土地产出率和单位土地就业量的 Malmquist 效率都很差。中国在城镇化进程中虽然对增加城市人均 GDP 起到了一定的作用，但是对单位土地产出率和单位土地就业量的促进作用很弱，土地投入是一种粗放型的发展方式。

三、投入指标的集约效率分析

本节采用数据包络分析中的 CCR 模型，借助投影分析，通过比较各省市（区）投入要素的实际投入值与各省市（区）处于相对有效状态下的各要素目标投入值来衡量各省市（区）的集约效率。我们用两种投入要素为例来说明这种方法的原理，见图 5-1。X 和 Y 表示两种投入要素，C 点和 D 点是包络线上的点，说明投入是有效率的，而 A 点和 B 点位于包络线的上方，表明存在效率损失的情况。存在效率损失的点 A 的有效参照点为点 C，而不是点 A'，因为在 A' 点可以继续减少 Y 投入 CA' 从而到达 C 点，而产出保持不变。❶

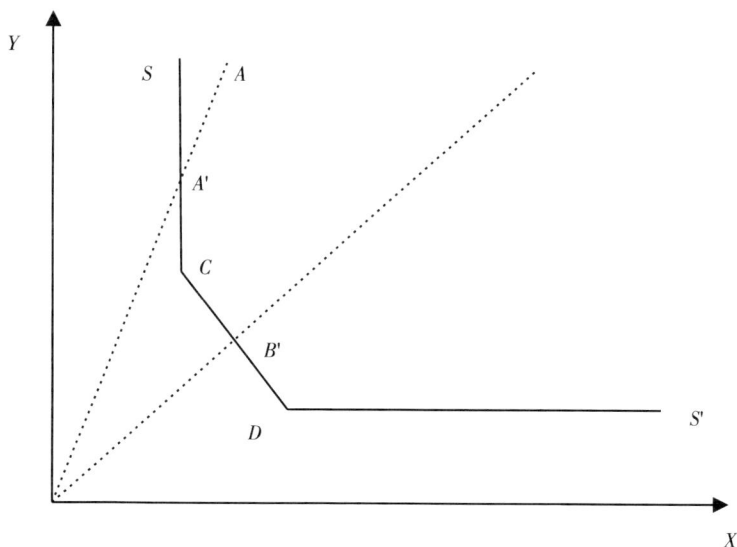

图 5-1 基于投入的 CCR 模型

❶ FARRELL M J.The measurement of productive efficiency[J]. Journal of the royal statistical society, 1957, 120(3)：253-290.

当前，中国在城镇化发展过程中的一个特征就是土地城镇化快于人口城镇化，也就是说土地城镇化过快。在本节投入指标中，我们选择了资本、劳动以及代表土地城镇化指标的建成区面积。下面，有必要具体分析投入指标的集约效率。集约效率可以表示为

$$IE_{i,t} = \frac{ARI_{i,t} - LRI_{i,t}}{ARI_{i,t}} = 1 - \frac{LRI_{i,t}}{ARI_{i,t}} = \frac{TRI_{i,t}}{ARI_{i,t}} \qquad (5-12)$$

其中，i 表示第 i 个城市；t 代表时间；IE代表集约效率；ARI代表实际的资源投入量；LRI代表损失的资源投入量；TRI为目标资源投入。

通过运行Deap 2.1软件，借助投影分析，得到30个省市（区）城市经济增长过程中的资源投入集约效率，表5-5分别给出了资本、劳动力资源和土地资源的平均集约效率情况。

表5-5　2000~2016年中国30个省市（区）建成区面积集约效率评价

地区	资本	劳动力资源	土地资源
北京	85.58	82.65	78.74
天津	80.22	80.11	73.36
河北	78.25	75.46	71.11
辽宁	79.45	78.26	70.32
上海	85.31	85.24	80.15
江苏	83.26	84.12	70.65
浙江	84.38	84.28	75.12
福建	81.20	80.29	75.46
山东	81.15	83.12	75.65
广东	79.32	85.24	79.16
广西	66.23	62.15	60.59
海南	70.54	68.28	68.47
山西	73.12	62.13	57.95
内蒙古	64.25	65.13	51.38
吉林	70.23	69.53	56.19

续表

地区	资本	劳动力资源	土地资源
黑龙江	65.58	65.29	56.32
安徽	69.39	68.16	58.96
江西	69.51	60.15	58.76
河南	70.21	63.25	58.18
湖北	70.22	65.17	59.47
湖南	69.86	63.16	60.32
重庆	77.54	78.85	70.38
四川	73.51	71.62	68.56
贵州	50.28	44.99	48.77
云南	52.31	50.26	48.98
陕西	50.35	48.98	46.58
甘肃	51.22	51.35	48.22
青海	50.35	48.19	51.36
宁夏	48.62	45.38	45.23
新疆	48.55	48.26	44.31
均值	69.33	67.30	62.29

注：结果根据Deap 2.1软件生成。

　　从整体上来看，中国的各个省市（区）在城镇化进程中资本、劳动力资源和土地资源的集约效率都不高。其中资本的集约效率均值为69.33，劳动力资源的集约效率均值为67.30，土地资源的集约效率均值为62.29。说明了土地资源的集约状况最差，这在一定程度上反映出我国存在一定程度的盲目征地、扩张城市建设用地的现象，造成了土地资源的浪费，土地利用方式粗放。

四、城镇土地内涵挖潜量测算

　　从投入指标的集约效率分析来看，我国资本、劳动力资源和土地资源的投入都存在非集约的状态，这是我们必须要引起重视的。就资本和劳动力资源投入的效率涉及技术和结构等问题，相对而言比较复杂，这里我们主要探讨土地资源的集约效率。当前，中国土地城镇化扩张太快，这与中国人多地少、土地资源极度稀缺的国情严重不符。所以，我国要走集约型城镇化道路，强调城镇化进程中资源特别是土地资源的集约利用，强调通过紧凑、集中、高效的城镇建设和发展模式，充分挖掘城镇土地潜力，节约土地资源，促进城镇从外延式扩张向内涵式集约发展转变。今后一段时间，我国城镇土地扩张规模总量上要有一定的限制，主要注重存量土地挖潜。根据测算的土地集约效率指数，可以计算出各个区域节地潜力的理论值（见表5-6）。

表5-6 2016年各区域节地潜力理论值

全国		建成区面积（平方公里）	集约效率（%）	节地潜力（平方公里）	节地潜力占建成区的比重（%）
		54379	61.95	20691.21	38.05
分区域（含直辖市）	东部	25041.7	74.79	6313.01	25.21
	中部	10949.1	58.94	4495.70	41.06
	西部	12354	53.12	5791.56	46.88
	东北	6034.2	60.94	2356.96	39.06
直辖市	北京	1419.7	78.74	301.83	21.26
	天津	1007.9	73.36	268.50	26.64
	上海	998.8	80.15	198.26	19.85
	重庆	1350.7	70.38	400.08	29.62
自治区	内蒙古	1241.6	51.38	603.67	48.62
	广西	1333.8	60.59	525.65	39.41
	宁夏	441.8	45.23	241.97	54.77
	新疆	1199.4	44.31	667.95	55.69

续表

全国		建成区面积 （平方公里）	集约效率 （%）	节地潜力 （平方公里）	节地潜力占建 成区的比重（%）
全国		54379	61.95	20691.21	38.05
其他省份	河北	2248.9	71.11	649.71	28.89
	山西	1157.6	57.95	486.77	42.05
	辽宁	2798.2	70.32	830.51	29.68
	吉林	1425.8	56.19	624.64	43.81
	黑龙江	1810.2	56.32	790.70	43.68
	江苏	4299.3	70.65	1261.84	29.35
	浙江	2673.3	75.12	665.12	24.88
	安徽	2001.7	58.96	821.50	41.04
	福建	1469.2	75.46	360.54	24.54
	江西	1371.0	58.76	565.40	41.24
	山东	4795.5	75.65	1167.70	24.35
	河南	2544.3	58.18	1064.03	41.82
	湖北	2248.9	59.47	911.48	40.53
	湖南	1625.6	60.32	645.04	39.68
	广东	5808.1	79.16	1210.41	20.84
	海南	321.0	68.47	101.21	31.53
	四川	2615.6	68.56	822.34	31.44
	贵州	844.6	48.77	432.69	51.23
	云南	1131.3	49.98	565.88	50.02
	陕西	1127.4	46.58	602.26	53.42
	甘肃	870.4	48.22	450.69	51.78
	青海	197.4	51.36	96.02	48.64

注：根据《中国统计年鉴》计算而得。

分区域来看，节地潜力最大的是东部地区，达到6313.01平方公里；节地潜力占建成区比重最大的是西部地区，占46.88%。从我国的四个直辖市来看，节地潜力最大的是重庆市，达到400.08平方公里；节地潜力占建成区比重最大的是重庆市，占29.62%。从我国的四个自治区来看，节地潜力最大的是新疆维吾尔自治区，达到667.95平方公里；节地潜力占建成区比重最大的是新疆维吾尔自治区，占55.69%。从其他省区来看，节地潜力较大的是江苏、广东和山东，分别达到1261.84平方公里、1210.41平方公里和1167.70平方公里；节地潜力占建成区比重较大的是陕西、甘肃和贵州，分别占53.42%、51.78%和51.23%。

第四节　本章小结

本部分基于土地城镇化、人口城镇化和产业集聚发展的视角，采用DEA-Malmquist方法进行城市化效率研究。从总体上来看，中国各省市（区）Malmquist效率指数的均值为0.84，说明在整个研究期间，各省市的城镇化效率在不断下降。通过比较以城市人均GDP、单位土地产出率和单位土地就业量为产出的Malmquist效率指数，我们可以发现，各省市（区）城镇化的投入对城市人均GDP的作用比较突出。各省市（区）城镇化的投入对单位土地产出率和单位土地就业量的作用不明显。这说明我们基于土地城镇化、人口城镇化和产业集聚发展的两个很重要的指标单位土地产出率和单位土地就业量的Malmquist效率都很差。中国在城镇化进程中虽然对增加城市人均GDP起到了一定的作用，但是对单位土地产出率和单位土地就业量的促进作用很弱。此外，通过分析投入指标的集约效率，代表土地城镇化指标的建成区面积的集约效率最低，说明中国的各个省市（区）在城镇化进程中城镇土地面积都存在过快增长、土地利用方式粗放的问题。

通过本章的研究，可以得到如下政策建议：第一，必须走集约型城镇化发展之路。从投入要素的集约效率来看，我国城镇化是一种粗放式的发展模式。从长期来看，我国城镇化发展过程中的投入要素是有限的，集约型城镇化是必然选择。要牢固树立城市经济增长的成本效率意识，大力加强资源要素节约集约利用，实现更优的匹配和效率更高的要素组合。第二，依靠科技创新促进城镇化效率的提升。通过实证研究，技术进步的无效变动是导致我国整体城镇化率不断下降的主要原因。从长远看，支撑城镇化发展的最大资源不再是自然资源和物质条件的丰裕，而在于城镇是否具有不可复制的知识优势和创新资源。要通过科技创新的引领作用，促进传统产业结构和能源结构调整，减少城镇化发展中的资源和环境消耗，大力发展技术含量高、经济效益好、资源消耗低、环境污染少的新的经济形态、新的生产方式和新的增长方式。探索出一条以科技创新为驱动力、集成应用现代科技创新成果、符合城乡发展的新型城镇化道路乃大势所趋。

第六章 影响城镇化进程中人口、土地及产业协调发展的因素

本章首先从理论上分析了影响土地城镇化、人口城镇化和产业集聚协调发展的因素和作用机理，然后通过构建静态和动态GMM面板数据模型，实证研究了影响三者协调发展的主要因素和作用大小。

第一节 机理和影响因素理论分析

如图6-1所示，中国人口城镇化、土地城镇化及产业集聚协调发展是要保持这三者合力处于均衡发展的水平上，当任何一方的力量过大，将会打破这种协调发展的状态。目前的状况是，土地城镇化快于人口城镇化，产业集聚吸纳就业能力不足。那么，土地城镇化过快或者说人口城镇化过慢，将会打破这种协调发展的状态，导致土地城镇化过快或者人口城镇化过慢的主要因素有城乡分割的二元户籍制度、财税制度、土地制度。同样，产业集聚程度的过高或者过低，也将会打破这种协调发展的状态，如集聚发展水平[1]、产业结构和人口密度。

---

[1] 一般而言，经济发展水平越高，将会吸引产业集中，但集聚到一定程度后，由于集聚不经济的作用，产业会向外迁移。

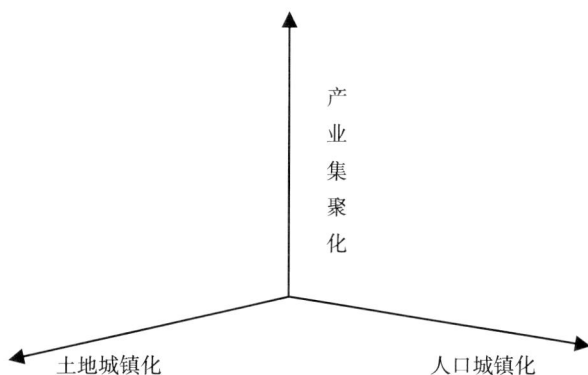

图6-1　三者的协调发展状态

一、经济发展水平

一般而言，经济发展水平越高的地区，将会吸引产业集中，但集聚到一定程度后，会导致单位土地面积的经济活动和人口密度非常大，超过城市的资源环境承载力度，带来诸如环境污染、交通拥堵、地价上涨等"城市病"问题，在集聚不经济的作用下，产业会向外迁移。很显然，当产业集聚在一个区域，将会带来人口和就业，人口城镇化将会加快。当产业向外扩散之后，吸纳就业能力有限，人口城镇化将会减缓，从而影响人口城镇化、土地城镇化及产业集聚协调发展。

二、产业结构

产业结构的改变对人口城镇化和土地城镇化都会产生影响，一方面，随着产业结构的优化和调整，它对劳动力的吸纳作用也会随之发生相应的改变；另一方面，产业结构的变化对城市用地需求会产生很大的变化，例如，第二产业的发展会增加对城市用地的需求，可以反映出城市工业发展对土地扩张所产生的影响，因此，产业结构对三者协调发展的影响取决于两者的净效应。

三、人口密度

人口密度在一定程度上反映了一个城市的人口规模，也可以反映出城市的产业集聚度，一般来说，一个城市人口密度如果与城市的承载力相匹配，人口密度越大，产业集聚度越高，对人口的吸引力也就越大。[1]人口密度增大的城市能够吸引城市人口增加，与土地城镇化协调发展，能够提高三者的协调度。

四、城乡分割的二元户籍制度

中国在建国初期重工业优先发展战略的推动下，为了维护城乡的政治、社会和生活稳定，施行二元的户籍制度，形成了城乡分割[2]的局面，增加了迁移成本。[3]这一由主客观因素造成的城乡分割阻碍了人口城镇化的进程[4]，不仅减缓了人口城镇化进程，还使得农村人口城市转移后难以获得与城市居民同等的待遇。如陶然、徐志刚[5]认为中国城市化存在大量游离于城乡之间流动人口的根本原因在于没有为流动人口建立基本的社会保障体制，从而无法形成人口转移的良性机制。因此放松户籍管制的制度

---

[1] 李子联.人口城镇化滞后于土地城镇化之谜——来自中国省际面板数据的解释[J].中国人口.资源与环境,2013,23(11):94-101.

[2] 1958年,新中国颁布了第一部户籍制度《中华人民共和国户口登记条例》,这一户籍管理制度带有明显的"城乡二元分割"特征,造成城乡之间、流动人口与本地人口之间在教育、医疗、社保、卫生等诸多方面的不平等,在这一制度框架下,地方政府缺乏为农村居民进入城市提供就业以及社会保障的动机,从而抑制了人口城镇化.

[3] 袁志刚,解栋栋.统筹城乡发展:人力资本与土地资本的协调再配置[J].经济学家,2010(8):52-55.

[4] 蔡昉,等.户籍制度与劳动力市场保护[J].经济研究,2001(12):41-49.

[5] 陶然,徐志刚.城市化、农地制度与迁移人口社会保障[J].经济研究,2005(12):45-56.

改革[1]，从理论上来说能够促进人口转移，但孙文凯等的研究表明，户籍制度对短期劳动力流动影响很小。[2]因此，户籍制度对于人口城镇化究竟产生了怎样的影响，有待在实证模型中进行进一步的检验。

五、财税制度

中国自1994年实施分税制改革以后，地方政府财力大大削减，财政收入占全部财政收入由改革前的75%降到25%~30%。地方政府的税权得到了严格的控制，但是像医疗、教育等大量的政府事务却是由地方政府来履行的，这一定程度上导致了地方政府在财权和事权上的不匹配。由于现行的财政体制没有为地方政府提供正常的、规范性获取更多财政收入的渠道，因此，地方政府通过开辟其他的途径获得相应的财政收入，主要有以下两种方式：一是利用行政权力收费。通过执法罚款、管理收费来获取政府收入，这种现象直到1998年的税费改革才得以纠正。二是通过经营土地来获取收入，最为常见的就是卖地，获得土地出让金，土地财政即是由此而来。因此，事权和税权的不对等使得地方政府更多地依靠土地出让收益来维持政府的运转和城市的建设。而这一行为成了地方政府急剧扩张土地城镇化的基本动力。土地财政形成的原因，首先是因为在中央和地方之间，财政收入的第一次分配、税权的划分不合理，地方政府的事权与财权的不匹配。其次是由土地市场管理的不规范造成的。土地一级市场是政府

---

❶ 鉴于人口城镇化相对滞后，近些年来，户籍制度改革正稳步推进，如1997年国务院颁行《关于小城镇户籍管理制度改革试点方案》，允许已在小城镇就业、居住并符合一定条件的农村人口办理常住户口。2000年国务院《关于促进小城镇健康发展的若干意见》提出，凡在县级市市区、县级人民政府驻地镇及县以下小城镇有合法固定住所、稳定职业或生活来源的农民，均可转为城镇户口。2008年中央颁布《关于推进农村改革发展若干重大问题的决定》提出，统筹城乡社会管理，推进户籍制度改革，放宽中小城市落户条件，使在城镇稳定就业和居住的农民有序转变为城镇居民。但从本质上来说，城乡隔离的二元户籍制度依然存在，抑制人口城镇化的直接因素尚未完全消除。

❷ 孙文凯,白重恩,谢沛初.户籍制度改革对中国农村劳动力流动的影响[J].经济研究,2011（1）:28-41.

垄断的，特别是现行法律没有赋予国有土地和集体土地同权和同价，农村集体土地如果要被用于城市建设，必须经过行政征收。这就造成政府垄断了土地市场，由此产生了巨大的垄断收益，地方政府因此坐收这些垄断收益和土地相关的其他收益。比如，国务院发展研究中心土地课题组[1]案例研究表明，地方政府对城镇扩张的热衷在于它可使地方政府实现财政税收的最大化；周飞舟[2]指出地方政府努力追求预算外与非预算资金收入的增加导致了以城市经营为特征的城镇化的急剧扩张。除此之外，陶然等[3]运用面板数据对土地财政与城镇空间扩张的关系进行了实证检验，且都得出财政分权是中国土地城镇化扩张的主要原因。"土地财政"是地方推进城市建设资金的主要来源，但这种模式已难以为继（见图6-2）。建设用地面积的减少导致土地价格走高，再加上征地越来越困难，土地出让金比例将下降，"土地财政"将难以支撑城市建设。城市建设资金压力难题亟须破解。此外，与财税制度相关联的政绩考核所带来地方政府的短期行为，须也是土地财政、城镇土地快速扩张的成因之一。

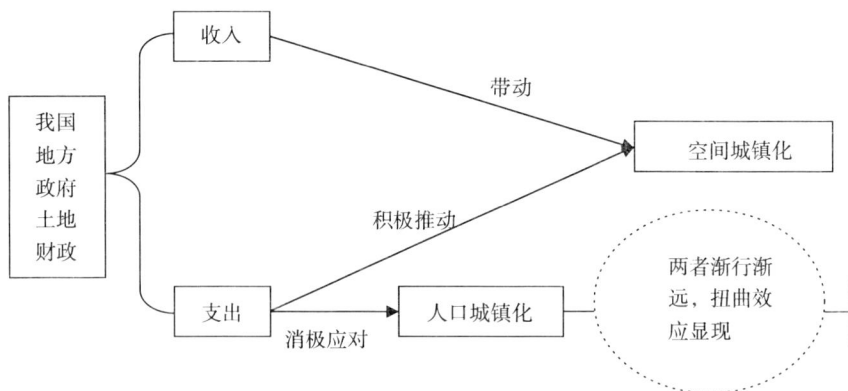

图6-2　地方政府土地财政对城镇化扭曲效应的作用机制

[1] 国务院发展研究中心土地课题组.土地制度、城市化与财政金融[J].改革,2005(10):12-17.
[2] 周飞舟.分税制十年:制度及其影响[J].中国社会科学,2006(6):100-115.
[3] 陶然,袁飞,曹广忠.区域竞争、土地出让与地方财政效应[J].世界经济,2007(10):14-26.

六、土地制度

农地征收制度和使用制度对城镇化具有不同的经济效应。一方面，征收制度赋予土地征收以政府属性，而土地出让则为市场属性。因此两种行为的不同使得政府在土地征收中能够获得较大的利差，所带来的便是土地城镇化的急剧扩张。[1]而一种提高个人化程度推动土地农转非市场化改革的制度安排则能够提高土地的价值，同时农民能通过转让土地筹集进城长期居住的资金而加快其向城市的转移。因而，空间城镇化和人口城镇化发展失衡的问题也能够有效解决。[2]另一方面农地使用制度则为农民带来了经营性收入，为劳动力迁移提供了重要的保障，从而促进了劳动力迁移进入工资经济的抗风险能力。[3]因此，一种具有较长使用权的农地制度安排能够鼓励农村剩余劳动力向城市转移。

第二节　模型的设定和数据来源

一、模型的设定

构建以人口城镇化、土地城镇化及产业集聚发展协调度为被解释变量，影响三者协调发展的因素为解释变量的面板数据模型进行实证研究，模型设定如下：

$$
\begin{aligned}
\ln(\mathrm{CD}_{it}) = {}& c + \ln(\mathrm{PGDP}_{it}) + \ln(\mathrm{STR}_{it}) + \ln(\mathrm{PD}_{it}) + \ln(\mathrm{FS}_{it}) \\
& + \ln(\mathrm{HRS}_{it}) + \ln(\mathrm{ALU}_{it}) + \mu_i + \lambda_t + \varepsilon_{it}
\end{aligned} \tag{6-1}
$$

[1] 范进,赵定涛.土地城镇化与人口城镇化协调性测定及其影响因素[J].经济学家,2012(5):61-67.

[2] YANG D. Knowledge spillovers and labor assignments of the farm household [D].Chicago:University of Chicago,1994:1-89.

[3] 姚洋.中国农地制度:一个分析框架[J].中国社会科学,2000(2):54-65.

式（6-1）中，i代表截面省份，t代表时间，μ_i和λ_t分别表示不随时间变化的个体效应和时间效应，ε_{it}为随机扰动项。其他各变量的含义如下：

CD为协调发展度。借鉴物理学中耦合协调度，测算三者之间的协调发展度，计算方法见本节数据来源和主要变量的测算部分。

PGDP为经济发展水平。用各地区生产总值除以年末总人口，人均收入的单位是万元/人。地区生产总值以1996年为基期，剔除了价格因素的影响，得到实际人均GDP。

STR为产业结构。用第二产业产值占当年GDP的比重来表示，单位为%。

PD为人口密度。用总人口数除以区域面积，单位为万人/平方公里。

FS为财政制度。关于财政制度的衡量指标，大多是从财政分权的角度进行界定[1]，如Akai[2]等。借鉴上述文献的处理方法，参考李子联度量地方政府的财政制度的方法[3]，分别用财政收入占地区生产总值的比重和财政支出占地区生产总值的比重代表财政制度。地方政府财政收入中土地财政的占比较大，财政收支的增加，将会加大地方政府对土地财政的依赖，因此，财政收支水平的提高将进一步促使土地扩张加快，财政收支可能与土地城镇化、人口城镇化及产业集聚协调发展存在负向关系。

HRS为户籍制度。关于户籍制度的衡量，有些学者采用虚拟变量的处理方法[4]，但对于本章的实证分析而言，这种方法不太适用。这里我们借

---

[1] 选取以地方财政收入占全国财政收入的比重或地方财政支出占全国财政支出的比重等指标来进行双重或多重衡量。

[2] AKAI N, SAKATA M. Fiscal decentralization contributes to economic growth: evidence from state-level cross-section data for the United States[J]. Journal of urban economics, 2002, 52(1): 93-108.

[3] 李子联. 人口城镇化滞后于土地城镇化之谜——来自中国省际面板数据的解释[J]. 中国人口. 资源与环境, 2013, 23(11): 94-101.

[4] 如对于具有本地或城镇户口的居民取数值1，而其他居民则取数值0或取值与此相反，如陆益龙(2008)、陈钊等,(2012)的研究。

鉴孙文凯等❶和李子联的处理方法，并对发生户籍改革❷的年份取数值为1，而无户籍改革的年份则取值为0。由于中国人口城镇化滞后于土地城镇化，户籍管制的放松将有可能促进农村人口向城镇的转移，促进人口城镇化与土地城镇化处于均衡状态，其与城镇化发展协调度具有正向的变化关系。

　　ALU表示农地使用权制度。借鉴李子联使用农地承包的剩余期限来衡量农地使用权制度的方法。❸以全国各省市（区）农地使用期限的剩余年数来进行衡量，我们以颁布相关规定❹的年份开始计算，后续年份的使用期限则依次递减，见表6-1。农地使用权期限的延长，说明这种政策的稳定性越好，农民的收益越有保障，促进了农村居民向城镇定居的概率，一定程度上缓解了土地城镇化快于人口城镇化的现状，因此，农地使用权制度与三者协调度具有同向变化关系。

表6-1　农地使用权制度的取值

年份	取值	年份	取值
1996	2	2002	27
1997	1	2003	30
1998	0	2004	29
1999	30	2005	28
2000	29	2006	27
2001	28	2007	26

　　❶ 孙文凯,白重恩,谢沛初. 户籍制度改革对中国农村劳动力流动的影响[J]. 经济研究,2011,（1）:28-41.

　　❷ 主要包括中央和地方的重要会议政策法规和重要文件等。

　　❸ 李子联. 人口城镇化滞后于土地城镇化之谜——来自中国省际面板数据的解释[J]. 中国人口·资源与环境,2013,23(11):94-101.

　　❹ 其数值的设定则主要来自中央的三个规定,第一个规定是1983年1月1日中央第二个一号文件《当前农村经济政策的若干问题》,指出"土地承包期一般应在15年以上,生产周期长和开发性的项目,如果树、林木、荒山、荒地等,承包期应该更长一些";第二个规定是1999年1月1日开始实施的《中华人民共和国土地管理法》,该法第十四条规定土地承包使用期限为三十年;第三个规定则是2003年3月1日开始实施的《中华人民共和国农村土地承包法》,该法第二十条也规定耕地承包期限为三十年。

续表

年份	取值	年份	取值
2008	25	2013	20
2009	24	2014	19
2010	23	2015	18
2011	22	2016	17
2012	21	—	—

注：表中的数据是根据农地使用权制度的界定进行的推算。

二、数据来源和主要变量的测算

本书所使用的数据主要来源为31个省市1996~2016年的数据，数据来源于《新中国六十年统计资料汇编》、国家统计局网站以及各省市1996~2016年的统计年鉴。有些省份在个别年份出现缺省，我们采用插值法进行了补全。

土地城镇化、人口城镇化和产业集聚三者之间的协调性计算参考有关协调度研究的文献[1][2]，定义代表三个变量之间的协调发展度水平的协调系数公式为

$$CI = \frac{x + y + z}{\sqrt{x^2 + y^2 + z^2}} \tag{6-2}$$

式（6-2）中，x为人口城镇化指数；y为土地城镇化指数；z为产业集聚指数；CI代表人口城镇化、土地城镇化和产业集聚协调系数，当$x = y = z$时CI取最大值，此时协调度最高。该指数是人口城镇化、土地城镇化和产业集聚相协调。

[1] 曹文莉,等.发达地区人口、土地与经济城镇化协调发展度研究[J].中国人口·资源与环境,2012(2):141-146.
[2] 钱丽,等.中国区域工业化、城镇化与农业现代化耦合协调度及其影响因素研究[J].经济问题探索,2012(11):10-17.

耦合系数理论来自物理学，已有学者结合这一理论得到了系统相互作用的耦合度模型，表示为

$$C_n = \left\{ \frac{(u_1, u_2, u_3, \cdots, u_n)}{\prod (u_i + u_j)} \right\}^{1/n} \tag{6-3}$$

式（6-3）中，u_i（$i = 1, 2, 3, \cdots, n$）表示各子系统的评价函数，但是这种表示方法比较抽象，不容易理解，下面对这上式进行一定的变换，我们主要是探讨中国土地城镇化、人口城镇化和产业集聚的协调度，这里主要有三个子系统，因此这里n=3。

这里假设$u_1 = f(x)$，$u_2 = g(y)$，$u_3 = h(z)$。$f(x), g(y), h(z)$分别为土地城镇化、人口城镇化和产业集聚的评价函数，根据耦合度的概念和机制，$f(x)$、$g(y)$和$h(z)$的离差越小越好，于是可得到如下推导：

$$C_v = \frac{S}{\frac{1}{3}\left[f(x) + g(y) + h(z)\right]} \quad (S为标准差)$$

$$= \sqrt{2\left\{1 - \frac{f(x)g(y) + g(y)h(z) + f(x)h(z)}{3\left[\dfrac{f(x) + g(y) + h(z)}{3}\right]^2}\right\}} \quad (越小越好)$$

而使C_v越小的充要条件数是

$$C' = \frac{f(x)g(y) + g(y)h(z) + f(x)h(z)}{3\left(\dfrac{f(x) + g(y) + h(z)}{3}\right)^2}$$

$$= \frac{3f(x)g(y) + g(y)h(z) + f(x)h(z)}{(f(x) + g(y) + h(z))^2} \quad (越大越好)$$

根据以上的推导，为了使耦合度具有层次性，下面给出土地城镇化、人口城镇化和产业集聚的系统的耦合度公式

$$C = \left\{ \frac{3f(x)g(y) + g(y)h(z) + f(x)h(z)}{(f(x) + g(y) + h(z))^2} \right\}^k \quad k \geq 3 \tag{6-4}$$

对于我们要解决的问题而言，$k=3$，上面的式子是我们所推导出的耦合度计算模型，其中 C 为耦合度，k 为调节系数，上式反映了在土地城镇化、人口城镇化和产业集聚发展水平一定的条件下为使土地城镇化、人口城镇化和产业集聚复合收益或发展水平最大，土地城镇化、人口城镇化和产业集聚发展水平进行组合协调的数量。耦合度的取值区间为 0 到 1 之间。

当 $f(x)=1,g(y)=1,h(z)=1$ 时，$C=1$ 为最大值，此时系统达到良型共振，反之，耦合度 C 越小，则越不协调，当 $C=0$ 时，三个系统处于无关状态。

耦合度只是反映了土地城镇化、人口城镇化和产业集聚三个系统之间的作用强度，无法全面反映它们的整体功能或综合协调发展水平。为此，引入耦合协调度模型，计算公式如下

$$D=\sqrt{C \times T}, \quad T=\alpha f(x)+\beta g(y)+\gamma h(z) \tag{6-5}$$

式中，C 为耦合度；D 为耦合协调度；T 为土地城镇化、人口城镇化和产业集聚综合发展水平指数；α、β、γ 为待定系数。由于土地城镇化、人口城镇化和产业集聚的作用存在一定的差异，考虑到产业集聚是人口城镇化和土地城镇化的基础和支撑，因此取 $\alpha=0.3$，$\beta=0.3$，$\gamma=0.4$。

土地城镇化、人口城镇化和产业集聚协调指标如表6-2所示。

表6-2　土地城镇化、人口城镇化和产业集聚协调指标

一级指标	二级指标	单位	备注
人口城镇化	城镇人口比重	%	正向指标
	城市人口密度	万人/平方公里	正向指标
土地城镇化	建成区面积占城市面积的比重	%	正向指标
	城市建设用地占城市面积的比重	%	正向指标
产业集聚	单位土地产出率	万元/平方公里	正向指标
	单位土地就业量	万人/平方公里	正向指标

对本书所选取的指标进行标准化处理，本书所选取省市n年的m个指标进行指标标准化，具体计算公式如下

$$X_{ij} = (X_{ij} - \min(X_{ij}))/(\max(X_{ij}) - \min(X_{ij})) \quad (1 \leqslant i \leqslant n, \ 1 \leqslant j \leqslant m) \quad (6\text{-}6)$$

式中，X_{ij}表示第i年第j个指标，$\max(X_{ij})$和$\min(X_{ij})$分别为第i年第j个指标的最大值和最小值，经过标准化处理后，指标值的范围在0~1之间。综合评价模型为

$$W = \sum_{j=1}^{n} a_j \times r_j \quad j = 1, 2, \cdots, n \quad (6\text{-}7)$$

式中，a_j为第j个指标的量化值和权重，W为评价分值。

运用SPSS统计分析对土地城镇化、人口城镇化和产业集聚的指标数据标准化处理以后的数据进行主成分分析，提取特征根大于1的主成分计算出31个地区各因子的得分。

1996~2016年各省（市、区）土地城镇化、人口城镇化和产业集聚耦合协调度值如表6-3所示。

表6-3 1996~2016年各省(市、区)土地城镇化、人口城镇化和产业集聚耦合协调度值

地区	耦合协调度值						均值
	1996	2000	2004	2008	2012	2016	
北京	0.725	0.731	0.789	0.798	0.725	0.805	0.762
天津	0.659	0.712	0.736	0.774	0.786	0.786	0.728
河北	0.531	0.563	0.513	0.503	0.526	0.568	0.582
山西	0.612	0.589	0.542	0.575	0.598	0.579	0.583
内蒙古	0.596	0.598	0.568	0.593	0.612	0.562	0.601
辽宁	0.589	0.603	0.625	0.621	0.635	0.688	0.611
吉林	0.632	0.613	0.625	0.650	0.655	0.654	0.685
黑龙江	0.585	0.602	0.598	0.612	0.613	0.593	0.613
上海	0.602	0.635	0.682	0.679	0.702	0.699	0.675

续表

地区	耦合协调度值						均值
	1996	2000	2004	2008	2012	2016	
江苏	0.638	0.652	0.641	0.673	0.682	0.698	0.682
浙江	0.598	0.596	0.631	0.630	0.632	0.622	0.626
安徽	0.578	0.587	0.601	0.592	0.589	0.580	0.591
福建	0.521	0.541	0.569	0.591	0.604	0.592	0.552
江西	0.561	0.573	0.583	0.598	0.613	0.598	0.591
山东	0.513	0.536	0.551	0.582	0.579	0.601	0.545
河南	0.512	0.520	0.528	0.538	0.556	0.588	0.522
湖北	0.543	0.553	0.551	0.572	0.603	0.572	0.583
湖南	0.553	0.561	0.569	0.590	0.601	0.578	0.577
广东	0.583	0.598	0.610	0.617	0.623	0.622	0.612
广西	0.589	0.598	0.612	0.617	0.625	0.618	0.602
海南	0.594	0.599	0.612	0.623	0.621	0.624	0.605
重庆	0.563	0.556	0.573	0.596	0.615	0.592	0.579
四川	0.526	0.552	0.558	0.573	0.578	0.580	0.562
贵州	0.512	0.536	0.552	0.538	0.545	0.533	0.532
云南	0.476	0.495	0.512	0.531	0.526	0.511	0.509
西藏	0.478	0.496	0.503	0.518	0.525	0.532	0.513
陕西	0.503	0.509	0.536	0.552	0.575	0.528	0.556
甘肃	0.489	0.502	0.523	0.535	0.554	0.536	0.535
青海	0.478	0.495	0.512	0.536	0.546	0.572	0.528
宁夏	0.486	0.496	0.512	0.520	0.536	0.522	0.517
新疆	0.530	0.545	0.563	0.575	0.596	0.592	0.559

注：表中的数据根据统计年鉴的数据计算所得，限于篇幅，每隔4年统计一次，均值是每一年的平均值。

各省份土地城镇化、人口城镇化和产业集聚耦合协调度的均值也呈现一定的差异，其分布特征如图6-3所示。

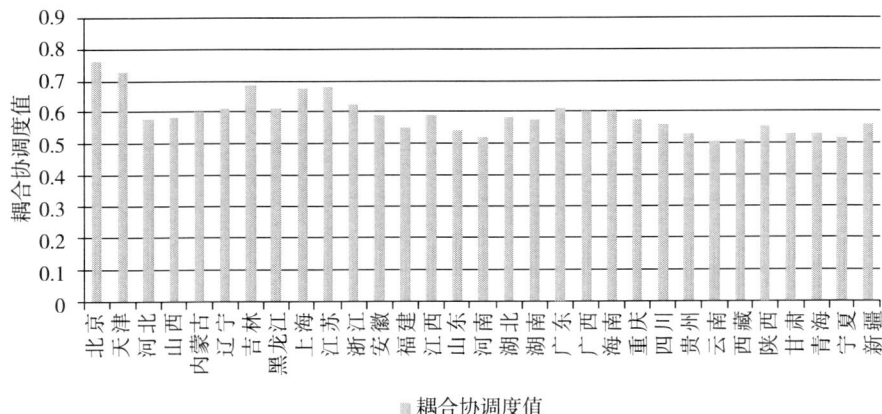

图6-3 1996~2016年各省份土地城镇化、人口城镇化和产业集聚耦合协调度值均值

注：根据统计年鉴的数据计算所得。

从东部、中部和西部三大区域来看，东部土地城镇化、人口城镇化和产业集聚耦合协调度均值为0.633，中部为0.598，西部为0.552，全国水平为0.591（见表6-4）。

表6-4 1996~2016年各地区土地城镇化、人口城镇化和产业集聚耦合协调度值

地区	耦合协调度值							均值
	1996	2000	2004	2008	2012	2014	2016	
东部	0.595	0.614	0.631	0.642	0.645	0.652	0.655	0.633
中部	0.575	0.577	0.574	0.591	0.604	0.603	0.622	0.598
西部	0.504	0.518	0.534	0.547	0.560	0.568	0.570	0.552
全国	0.560	0.572	0.583	0.597	0.606	0.613	0.611	0.591

注：表中的数据根据统计年鉴的数据计算所得。

东部、中部和西部三大区域土地城镇化、人口城镇化和产业集聚耦合协调度随时间的变化趋势如图6-4所示。

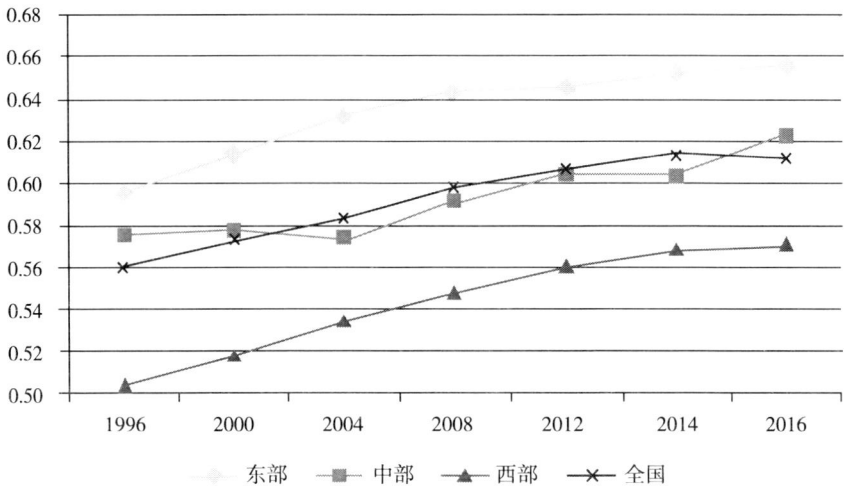

图6-4　1996~2016年各地区土地城镇化、人口城镇化和产业集聚耦合协调度

注：根据统计年鉴的数据计算所得。

本部分土地城镇化、人口城镇化和产业集聚耦合协调度通过测算求出，其他的变量通过年鉴以及统计网站的数据进行整理，变量的描述性统计性质如表6-5所示。

表6-5　变量的描述性统计

变量含义	变量	最大值	最小值	平均值	标准差
经济发展水平	PGDP	4.98	2.05	3.11	0.52
产业结构	STR	0.93	0.09	0.52	0.14
人口密度（人/平方公里）	PD	3365	38	1735	0.96
财政收入	FR	39	9	24	0.42
财政支出（亿元）	FE	38	9.6	25	0.43
户籍制度	HRS	1	0	0.5	0.25
农地使用权制度	ALU	30	0	21.23	9.34

第三节　实证检验

一、静态面板数据估计

对于面板数据模型的估计，一般采用固定效应和随机效应，通过 Hausman 检验，在 1% 的显著性水平下，均拒绝了运用随机效应模型的原假设，因此选择固定效应模型。检验结果如表 6-6 所示。

表 6-6　实证结果

解释变量	模型 1	模型 2	模型 3	模型 4	模型 5
估计方法	固定效应	固定效应	固定效应	固定效应	固定效应
常数项	0.1955** (0.0388)	0.1896*** (0.0359)	0.0085** (0.0037)	0.0509** (0.0029)	0.1142** (0.0304)
$\ln(\text{PGDP})$	0.0092** (0.0029)	0.0095*** (0.0031)	0.0085** (0.0033)	0.0062** (0.0030)	0.0079** (0.0036)
$[\ln(\text{PGDP})]^2$	−0.0572*** (0.0179)	−0.0586** (0.0202)	−0.0538*** (0.0185)	−0.0452** (0.0182)	−0.0556* (0.0213)
$\ln(\text{STR})$		−0.1466*** (0.0048)	−0.1452** (0.0046)	−0.1439*** (0.0051)	−0.1458** (0.0053)
$\ln(\text{PD})$			0.0322*** (0.0021)	0.0401*** (0.0038)	0.04222** (0.0041)
$\ln(\text{FR})$				−0.7233*** (0.0057)	
$\ln(\text{FE})$					−0.0722* (0.0336)
$\ln(\text{HRS})$				0.0021*** (0.0411)	0.0025** (0.0785)
$\ln(\text{ALU})$				0.0006** (0.0001)	0.0006** (0.0002)
$Ad-R^2$	0.7458	0.7522	0.7392	0.7412	0.7523

续表

解释变量	模型1	模型2	模型3	模型4	模型5
估计方法	固定效应	固定效应	固定效应	固定效应	固定效应
截面数	31	31	31	31	31
观测值	651	651	651	651	651

注：括号里的数据为标准误，*、**、***分别表示在10%、5%、1%的统计水平上通过了显著性检验，FR和FE为财政制度中的财政收入和财政支出。

本书设定了五种模型来检验结论的可靠性。通过模型1可以看出，经济发展水平的一次项和平方项的系数分别为0.0092、-0.0572，而且都通过了显著性检验。模型2在模型1的基础上增加了表示产业结构的变量，产业集聚变量的一次项和平方项的系数分别为0.0095、-0.0586，产业结构的变量的系数为-0.1466，且都至少在5%的显著性水平上通过了检验。模型3在模型2的基础上添加了表示人口密度的变量，产业集聚变量的一次项和平方项的系数分别0.0085、-0.0538，产业结构和人口密度变量的系数分别为-0.1452、0.0322。模型4在模型3的基础上添加了财政收入、户籍制度和土地使用权限的变量，产业集聚变量的一次项和平方项的系数依然分别为一正一负，代表财政收入变量的系数为-0.7233，户籍制度和土地使用权限变量的系数为正，分别为0.0021和0.0006。模型5与模型4的不同之处在于引入了财政支出的变量，代表财政支出的变量系数为-0.0722，户籍制度和土地使用权限变量的系数为正，分别为0.0025和0.0006，各系数都通过了显著性检验。

经济发展水平与土地城镇、人口城镇化和产业集聚三者的协调度呈现倒"U"关系，经济发展水平越高的地区，将会吸引产业集中，这样会带来就业水平的提高，使得三者的协调度增加。但集聚到一定程度后，会导致单位土地面积的经济活动和人口密度非常大，超过城市的资源环境承载力度，带来诸如环境污染、交通拥堵、地价上涨等"城市病"问题，因此由于集聚不经济的作用，产业会向外迁移，这使企业吸纳就业量有限，使得三者的协调度降低。因此，一个城市的产业集聚要保持在一个合理的水平，与城镇的土地和人口相协调。

用第二产业产值占当年GDP的比重来表示的产业结构与三者的协调发展度具有反向的变化关系，即全国各省市（区）工业占比越高，三者不协调的现象就越严重。原因可能是，一方面，中国的工业化进程是以土地的高投入为代价的，是一种粗放型的扩张发展模式，加快了土地城镇化的扩张，从而导致三者失衡的现象越严重；另一方面，工业化进程对剩余劳动力产生了吸纳作用，但是有一部分务工者进城后游离于城市和农村之间，没有成为真正的城市人口。[1]因此，工业化进程带来了土地的快速扩张，人口城镇化却相对滞后，人口城镇化与土地城镇化的进一步失衡，导致三者的协调度降低。

用总人口数除以区域面积表示的人口密度所表征的城市规模与三者的协调度具有同向的变化关系，城市规模越大，对人口的吸纳作用越强，原因在于大城市的集聚经济作用非常明显，对城镇人口具有极大的吸引力，但也要警惕人口和产业过度集中所带来的"大城市病"。

财政收支水平与三者的协调度具有反向的变化关系，即各省市财政收支水平越高，人口城镇化滞后于土地城镇化的现象就越严重，三者的协调度越差。地方政府财政收支越大，会加大对土地财政的过度依赖，土地城镇化建设加快，人口城镇化滞后于土地城镇化，三者的协调度会降低。

户籍管制放松与三者的协调度具有正向的变化关系，随着户籍管制的放松，人口城镇化滞后于土地城镇化的状况将得到改善，会提高三者的协调度。

---

[1] 李子联.人口城镇化滞后于土地城镇化之谜——来自中国省际面板数据的解释[J].中国人口·资源与环境,2013,23(11):94-101.

农地使用权制度与三者协调度具有同向的变化关系，即农民对耕地的承包使用期限越长，其向城镇转移并定居的概率也就越大❶，人口城镇化将会加快，三者发展也就越协调。原因在于，农地使用期限延长，农民有更强的收益保障，转移到城镇后不仅能获得工资性收入，还可以对所承包的土地进行转包、出租、互换、转让或以其他方式获得财产性收入，但要以完善土地流转机制为前提。

二、动态面板数据GMM估计

人口城镇化、土地城镇化及产业集聚发展协调度的调整是一个动态的过程，表现为一个长期而缓慢的调整过程，不仅取决于当前因素，还与过去因素有关，存在一定的路径依赖。由于静态模型没有很好地表现出城镇化进程中动态调整的过程，为了克服这种偏误，我们将滞后一期的人口城镇化、土地城镇化及产业集聚发展协调度加入到模型中，将静态模型转化为动态模型，需要强调的是，动态面板数据模型存在固有的内生性问题❷，需要借助工具变量进行估计，为此采用动态面板 GMM 估计方法来克服模型的内生性和消除可能存在的识别性偏差。

$$\ln(CD_{it}) = c + \ln(CD_{it-1}) + \ln(PGDP_{it}) + \ln(STR_{it}) + \ln(PD_{it})$$
$$+\ln(FS_{it}) + \ln(HRS_{it}) + \ln(ALU_{it}) + \mu_i + \lambda_t + \varepsilon_{it} \quad (6-8)$$

式中，$\ln(CD_{it-1})$ 表示滞后一期的人口城镇化、土地城镇化及产业集聚发展协调度，其他的变量和静态面板模型的含义一样。

GMM 估计方法包括两种：一种是差分 GMM 估计，另一种是系统 GMM 估计。同时，GMM 估计包括一步（One-Step）和两步（Two-Step）的

---

❶ 李子联. 人口城镇化滞后于土地城镇化之谜——来自中国省际面板数据的解释[J]. 中国人口·资源与环境, 2013, 23(11): 94-101.

❷ BLUNDELL R, BOND S. GMM estimation with persistent panel data: an application to production functions [J]. Journal of economics, 1998, 87: 115-143.

GMM。下面分别就差分GMM一步和两步法以及系统GMM一步法和两步法进行估计。差分GMM估计结果如表6-7所示。

表6-7　差分GMM估计结果

解释变量	Diff-GMM（One-Step）		Diff-GMM（Two-Step）	
$L.\ln(CD)$	0.0622** (0.0212)	0.0625*** (0.0303)	0.0628*** (0.0302)	0.0699** (0.0258)
$\ln(PGDP)$	0.0045** (0.0022)	0.0136** (0.0122)	0.1166*** (0.0332)	0.1352** (0.0538)
$[\ln(PGDP)]^2$	−0.0351* (0.0158)	−0.0375** (0.0134)	−0.0352* (0.0135)	−0.0414* (0.0122)
$\ln(STR)$	−0.0856** (0.0142)	−0.0352*** (0.0149)	−0.0899** (0.0242)	−0.1088* (0.0386)
$\ln(PD)$	0.0368** (0.0048)	0.3522*** (0.1233)	0.0369*** (0.0123)	0.4898*** (0.2055)
$\ln(FR)$	−0.7522*** (0.2233)		−0.7399** (0.3012)	
$\ln(FE)$		−0.0988** (0.0255)		−0.1133*** (0.0126)
$\ln(HRS)$	0.0048*** (0.0022)	0.0933** (0.0344)	0.0125** (0.0048)	0.2055** (0.0899)
$\ln(ALU)$	0.0008** (0.0002)	0.1024** (0.0423)	0.0025** (0.0011)	0.2023** (0.0235)
常数项	0.2055*** (0.0269)	0.2133** (0.0548)	0.2012** (0.0547)	0.2321* (0.0897)
观测值	620	620	620	620
AR(2)	——	——	0.4822	0.4566
Sargan 检验	0.0012	0.0009	0.0005	0.0002

注：$L.\ln(CD)$表示被解释变量的一阶滞后项，括号里的数据为标准误，*、**、***分别表示在10%、5%、1%的统计水平上是显著的。财政制度通过财政收入FR和财政支出FE来表示。

差分GMM能通过二阶序列相关的AR(2)检验，但没有通过Sargan检验，即距条件存在过度识别。下面报告系统GMM的估计结果。从AR(2)

和 Sargan 检验可以看出，系统 GMM 能通过二阶序列相关的 AR（2）检验，也能通过 Sargan 检验，因此本研究选用系统 GMM 两步估计方法进行实证检验。

从系统 GMM 两步估计方法可以得出，滞后一期的人口城镇化、土地城镇化及产业集聚发展协调度系数为正，且至少在5%显著性水平上通过了检验，说明三者的协调发展度的确具有明显的动态效应。其他变量与静态模型符号基本一样，且通过了显著性检验。系统GMM估计结果如表6-8所示。

表6-8　系统GMM估计结果

解释变量	SYS-GMM（One-Step）		SYS-GMM（Two-Step）	
$L.\ln(CD)$	0.0522*** (0.0125)	0.0633*** (0.0221)	0.0712*** (0.0352)	0.0755*** (0.0325)
$\ln(PGDP)$	0.0053*** (0.0022)	0.0128** (0.0045)	0.1233** (0.0511)	0.1422** (0.0522)
$[\ln(PGDP)]^2$	−0.0452* (0.0215)	−0.0512* (0.0261)	−0.0552** (0.0214)	−0.0458* (0.0255)
$\ln(STR)$	−0.0855*** (0.0025)	−0.0821*** (0.0305)	−0.0902*** (0.0208)	−0.1054*** (0.0411)
$\ln(PD)$	0.0452*** (0.0036)	0.5368** (0.1265)	0.0611** (0.0087)	0.6125*** (0.2123)
$\ln(FR)$	−0.8255*** (0.0542)		−0.8625*** (0.0435)	
$\ln(FE)$		−0.1088*** (0.0225)		−0.1025*** (0.0225)
$\ln(HRS)$	0.0322** (0.0123)	0.1033** (0.4125)	0.0253** (0.0112)	0.2124** (0.2589)
$\ln(ALU)$	0.0033** (0.0012)	0.0422** (0.0203)	0.0025* (0.0011)	0.1588** (0.0524)
常数项	0.2588*** (0.0613)	0.2655*** (0.1011)	0.2433** (0.1022)	0.25447* (0.1124)
观测值	620	620	620	620
AR（2）	—	—	0.4356	0.4458

续表

解释变量	SYS-GMM（One-Step）		SYS-GMM（Two-Step）	
Sargan 检验	0.0015	0.0008	0.1233	0.1244

注：$L.\ln(CD)$ 被解释变量的一阶滞后项，括号里的数据为标准误，*、**、***分别表示在10%、5%、1%的统计水平上是显著的。财政制度通过财政收入 FR 和财政支出 FE 来表示。

经济发展水平与土地城镇、人口城镇化和产业集聚三者的协调度呈现倒"U"关系；用第二产业产值占当年GDP的比重来表示的产业结构与三者的协调发展度具有反向的变化关系；用总人口数除以区域面积表示的人口密度所表征的城市规模与三者的协调度具有同向的变化关系；财政收支水平与三者的协调度具有反向的变化关系，即各省市财政收支水平越高，人口城镇化滞后于土地城镇化的现象就越严重，三者的协调度越差；户籍管制放松与三者的协调度具有正向的变化关系；农地使用权制度与三者协调度具有同向的变化关系。下面分东、中、西三大区域❶进行研究，比较不同的区域GMM估计结果（见表6-9）。

表6-9　不同区域系统GMM估计结果

解释变量	Sys-GMM（Two-Step）					
	东部		中部		西部	
$L.\ln(CD)$	0.0601** (0.0233)	0.0625* (0.0259)	0.0633** (0.0286)	0.0725** (0.3012)	0.0756** (0.0269)	0.0782** (0.0311)
$\ln(PGDP)$	0.0165** (0.1052)	0.0158** (0.1724)	0.1233 (0.1002)	0.1155 (0.1025)	0.1158 (0.1015)	0.1524 (0.1468)
$[\ln(PGDP)]^2$	−0.0502* (0.0217)	−0.0525* (0.0229)	−0.0633 (0.0404)	−0.0558 (0.0689)	−0.0679 (0.0725)	−0.0688 (0.0521)
$\ln(STR)$	−0.0855** (0.0224)	−0.0624* (0.0243)	−0.0933** (0.0325)	−0.1125** (0.0458)	−0.1033** (0.0359)	−0.1022* (0.0414)

❶ 东部地区包括北京、天津、上海、河北、山东、江苏、浙江、福建、海南、辽宁和福建；中部地区包括山西、吉林、黑龙江、安徽、河南、江西、湖北和湖南；西部地区包括云南、四川、贵州、陕西、甘肃、宁夏、新疆、青海、西藏、重庆、内蒙古和广西。

续表

解释变量	Sys-GMM（Two-Step）					
	东部		中部		西部	
ln（PD）	0.0833**	0.1588**	0.0626*	0.1622*	0.0533**	0.1255*
	(0.0154)	(0.0504)	(0.0106)	(0.0725)	(0.0235)	(0.0425)
ln（FR）	−0.8077*		−0.7566**		−0.7655**	
	(0.1233)		(0.3125)		(0.0828)	
ln（FE）		−0.1922*		−0.1633*		−0.1523**
		(0.0424)		(0.0528)		(0.0548)
ln（HRS）	0.0118**	0.1022**	0.0123**	0.1033*	0.0128*	0.1155**
	(0.0052)	(0.0425)	(0.0044)	(0.0447)	(0.0057)	(0.0347)
ln（ALU）	0.0125*	0.0533**	0.0135*	0.1524**	0.0025*	0.1526**
	(0.0057)	(0.0270)	(0.0027)	(0.0525)	(0.0011)	(0.0525)
常数项	0.2433*	0.2522*	0.2533**	0.2521**	0.26448*	0.2655*
	(0.1038)	(0.1205)	(0.1033)	(0.1124)	(0.1022)	(0.1205)
观测值	252	252	189	189	210	210
AR（2）	0.4088	0.4255	0.4358	0.4752	0.4688	0.4433
Sargan 检验	0.1268	0.1368	0.1211	0.1233	0.1124	0.1588

注：$L.\ln(CD)$表示被解释变量的一阶滞后项，括号里的数据为标准误，*、**、***分别表示在10%、5%、1%的统计水平上是显著的。财政制度通过财政收入FR和财政支出FE来表示。

从分地区东、中、西的检验结果来看，滞后一期的人口城镇化、土地城镇化及产业集聚协调发展度系数为正，且至少在10%的显著性水平上通过了检验，说明在中国东部、中部和西部，三者的协调发展度具有明显的动态效应。

在东部地区，经济发展水平与土地城镇、人口城镇化和产业集聚三者的协调度呈现倒"U"关系，但在中西部地区并不显著。在东部、中部和西部，产业结构与三者的协调发展度具有反向的变化关系；城市规模与三者的协调度具有同向的变化关系；财政收支水平与三者的协调度具有反向的变化关系，而且呈现出发达地区财政收支越大，土地城镇化越快；户籍管制放松与三者的协调度具有正向的变化关系；农地使用权制度与三者协调度具有同向的变化关系。

三、结论

土地城镇化、人口城镇化及产业集聚协调发展存在一定的路径依赖，需要强有力的制度和机制创新来打破这种路径依赖，包括户籍制度改革、财税体制改革以及土地制度创新等。产业结构与三者的协调发展度具有反向的变化关系，即全国各省市（区）工业占比越高，三者不协调的现象就越严重。工业化进程一方面加大了土地的扩张，另一方面人口城镇化却相当滞后。人口密度与三者的协调度具有同向的变化关系，城市规模越大，人口越集中，三者也就越协调，但也要警惕人口和产业过度集中所带来的"大城市病"。财政收支水平与三者的协调度具有反向的变化关系，即各省市（区）财政收支水平越高，人口城镇化滞后于土地城镇化的现象就越严重，三者的协调度越差，而且呈现出发达地区财政收支越大，土地城镇化越快。因此，需要制度创新和配套措施来打破地方政府对土地财政的过度依赖。户籍管制放松与三者的协调度具有正向的变化关系，随着户籍管制的放松，人口城镇化滞后于土地城镇化的状况将得到改善，会提高三者的协调度。农地使用权制度与三者协调度具有同向的变化关系，即农民对耕地的承包使用期限越长，向城镇转移的概率越大，农民转移到城镇后不仅能获得工资性收入，还可以对所承包的土地进行转包、出租、互换、转让或以其他方式获得财产性收入，但要以完善土地流转机制为前提。

第四节　本章小结

本章从理论上分析了影响土地城镇化、人口城镇化和产业集聚协调发展的因素，并通过构建静态和动态GMM面板数据模型，实证研究了影响三者协调发展的主要因素。土地城镇化、人口城镇化及产业集聚协调发展存在一定的路径依赖，需要强有力的制度和机制创新来打破这种路径依赖，包括户籍制度改革、财税体制改革以及土地制度创新等。产业结构与三者的协调发展度具有反向的变化关系，即全国各省市（区）工业占比越高，三者不协调的现象就越严重。工业化进程一方面加大了土地的扩张，另一方面人口城镇化却相当滞后。人口密度与三者的协调度具有同向的变化关系，城市规模越大，人口越集中，三者也就越协调，但也要警惕人口和产业过度集中所带来的"大城市病"。财政收支水平与三者的协调度具有反向的变化关系，即各省市（区）财政收支水平越高，人口城镇化滞后于土地城镇化的现象就越严重，三者的协调度越差，而且呈现出发达地区财政收支越大，土地城镇化越快。因此，需要制度创新和配套措施来打破地方政府对土地财政的过度依赖。户籍管制放松与三者的协调度具有正向的变化关系，随着户籍管制的放松，人口城镇化滞后于土地城镇化的状况将得到改善，会提高三者的协调度。农地使用权制度与三者协调度具有同向的变化关系，即农民对耕地的承包使用期限越长，向城镇转移的概率越大，农民转移到城镇后不仅能获得工资性收入，还可以对所承包的土地进行转包、出租、互换、转让或以其他方式获得财产性收入。

第七章 促进人口、土地及产业协调发展的城镇化路径

本部分首先对中国城镇化的阶段进行定位，中国已经进入城镇化的中期阶段，更多地强调城镇化质量的提高。然后比较分析了城镇化的多种模式，最后提出促进中国土地城镇化、人口城镇化及产业集聚协调发展的路径。

第一节 中国城镇化的阶段定位——快速发展期

1979年，美国城市地理学家诺瑟姆（Ray M. Northam）通过考察世界各国城市化发展轨迹，在其《城市地理》一书中把世界城市化发展过程所经历的运动轨迹形象地概括为一条稍被拉平的S形曲线，提出了城市化进程的阶段性规律。S形曲线模型可表示为：$Y = 1/Ce - rt$（Y表示城市化水平；C为积分常数，表明城市化起步的早晚；t代表时间；r为积分常数，代表城市化速度的快慢）。

一般来说，城镇化可分为起步期（城镇化率小于30%）、加速期（城镇化率在30%~70%）、成熟期（城镇化率大于70%）三个阶段，如图7-1所示。2016年，中国城镇化率达到57.35%，根据诺瑟姆曲线，城镇化率在30%至70%被认为是城镇化中期，是城镇化加速发展的阶段。根据世界城镇化发展的规律，结合当前中国的城镇化水平，可以对中国的城镇化阶段进行定位，当前中国处于城镇化中期，城镇化快速发展时期。

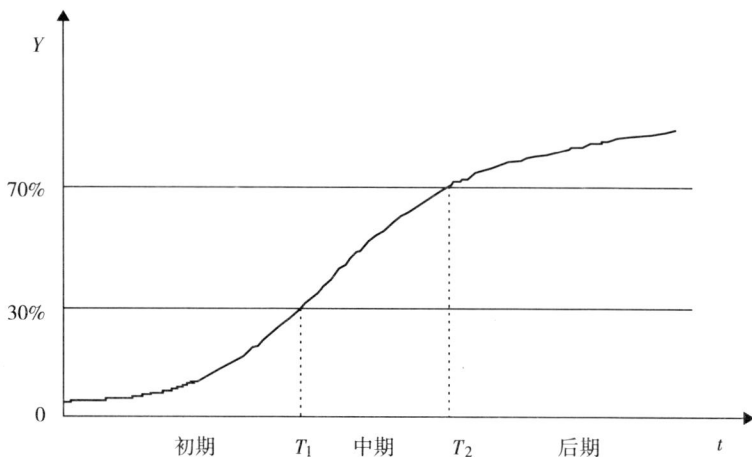

图7-1　城市发展的诺瑟姆曲线

第二节　中国城镇化的速度和质量
——从量到质的转变

综合各种因素分析，在未来一段时间里，我国的城镇化率将会进一步提升，但是提高的幅度将会趋减。综合国际国内发展环境和政策导向，可以从以下方面来阐述导致这种现象发生的原因：第一，我国的城镇化率已经超过50%，已进入一个重要转折点，城镇化率由加速推进转向减速推进；第二，随着农村劳动力的逐步转移，农村劳动力供给绝对数量将会明显减少[1]；第三，中国已开始进入经济结构战略性调整时期，经济增速也会在一定程度上趋缓。经济增长将从过去的高速增长转为中速增长，过去30多年10%以上的高速增长时代已经一去不复返[2]，城镇吸纳就业和接受人口转移的空间逐渐收窄。

---

[1] 马晓河.到2020年城镇化将带动25万亿投资和消费需求[EB/OL].(2013-01-29)[2018-06-20].http://finance.eastmoney.com/news/1346,20130129270815028.html.

[2] 李佐军.城镇化是对地方政府的挑战[EB/OL].(2013-07-24)[2018-06-20].http://news.hexun.com/2013-07-24/156432913.html.

从表7-1可以看出，中国的城镇化率从1978年的18%上升到2016年的57.35%，城镇化速度为1.04%，都高于美国、德国等世界发达国家的城镇化速度，在未来一段时间内，中国的城镇化将会处于调整期，城镇化速度将会趋缓，事实上，从"十五"以来，中国城镇化速度已经有了递减迹象。❶城市化率30%~70%时是城市化的加速阶段，2016年中国城镇化率是57.35%，正处于加速阶段上半场向下半场的过渡阶段，更多地强调城镇化质量的提高。❷

表7-1　城镇化速度比较分析表

国家或地区	城镇化水平（%）	起止时间	所用时间（年）	城镇化速度（%）
世界发达国家	26.1~52.5	1990~1950	50	0.53
美国	30.5~60.1	1885~1950	65	0.46
德国	36.1~54.4	1871~1900	29	0.63
日本	32.7~63.5	1930~1960	30	1.02
中国	18.0~57.35	1978~2016	39	1.04

资料来源：《全国城镇体系规划》专题5"中国人口迁移趋势与城镇化研究"。

第三节　城镇化的多种模式比较分析

一、市场主导和政府主导

从推动力的角度来看，城镇化模式可以分为政府主导和市场主导。从国外的经验来看，发达国家的城镇化基本上都是由市场主导的发展进程。

---

❶ "九五"期间、"十五"期间和"十一五"期间年均城镇化率增速分别为1.44%、1.35%和1.39%，而在珠三角和长三角地等城镇化率较高的东部沿海地区，减速表现得比较明显。

❷ 李佐军. 城镇化是对地方政府的挑战[EB/OL].（2013-07-24）[2018-06-20].http://news.hexun.com/2013-07-24/156432913.html.

在发达国家城镇化的过程中，政府的作用被严格限制在市场经济的"守夜人"角色上。尽管在市场失灵时，政府"有形的手"干预力度越来越大、干预的范围也越来越广，但其本质并未脱离市场主导的轨道。

完全政府主导的城镇化由政府部门进行决策并且推进，地方政府为了自身政绩需要，大力推进城市规模的扩大，必将会使土地城镇化快于人口城镇化，将会带来一系列的问题。完全放任式的城镇化，也会带来一系列弊端，我们可以拿美国和拉美国家的城镇化作为案例进行研究和说明。尽管美国和拉美国家的城镇化水平和质量差距显著，不具可比性，但是从其城镇化缺乏总体规划和政府调控的角度看，它们都属于自由放任式的城镇化。美国在20世纪70年代之前，城镇化发展迅速，但缺乏总体规划和政府引导，出现低密度蔓延，这种放任式的城镇化造成土地资源严重浪费。美国城市的过度郊区化逐渐引起了政府和社会的反思，一些地方政府开始强调土地利用的紧凑模式，抑制郊区化的过度发展。拉美国家在没有产业支撑的情况下，农业人口大量涌入城市，导致大量城市失业群体，城市内部存在大量的"贫民窟"。总体上看，自由放任式的城镇化，由于市场失灵会导致城镇化中高成本和畸形发展。最理想的城镇化模式应该是主要以市场主导为主、以政府作用为辅（见图7-3）。

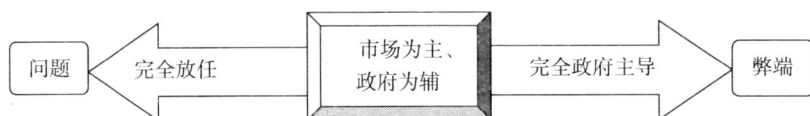

图7-3　城镇化的推动模式

二、同步城市化、滞后城市化、过度城市化模式

根据城市化与工业化的适应关系，可划分为同步城市化、滞后城市化和过度城市化模式。同步城市化是指城市化、工业化与经济发展的水平趋于一致的城市化模式，城市化与工业化相互协调，城市化、工业化与经济

发展呈显著的正相关关系，经济发展提供的城市就业量与农村转移的城镇人口的数量大体平衡，城市发展与农业剩余基本适应。这种城市化模式比较合理，城市化与工业化相辅相成。过度城市化是指过多的农村人口向城市转移，超过了一个国家（地区）经济发展承受能力的城市化现象。过度城市化带来城市人口过度增长，城市建设的步伐赶不上人口城镇化速度，从而带来的是城市的畸形发展以及贫困、拥挤、环境破坏等社会问题。❶2008年，墨西哥城市化率就达到了77.2%，超过德国等发达国家。尽管墨西哥的城市化率超过了发达国家，但经济水平却远远落后于这些国家。统计数据显示，墨西哥1.3亿人口中，有5000万没有足够的收入满足住房、交通、教育等需求，其中近2000万人吃不饱饭。在联合国对126个国家财富分配调查排名中，墨西哥排在第103位，是世界上贫富差距最大的国家之一。❷滞后城市化是指城市化水平落后于工业化和经济发展水平的城市化模式。滞后的原因主要是政府通过一系列的措施限制城市化的发展。这种城市化模式严重违背工业化和现代化发展规律，会引发一系列的经济社会问题。不仅使城市的集聚效应和规模效益得不到很好的发挥，而且还引发了诸如工业乡土化、农业副业化、离农人口"两栖化"和城镇发展无序化等"农村病"现象。如印度、孟加拉、印度尼西亚等一些南亚、东南亚国家就属于这种状况。

三、集中型城镇化和分散型城镇化

根据城市化的空间表现形式，可划分为集中型城镇化和分散型城镇化。集中型城市化是指社会经济活动从空间上的分散状态向集中状态发展

---

❶ 伍海燕,陈雪莲.国外城镇化经验教训:过快城镇化造大量贫民窟[EB/OL].(2013-03-18)[2018-06-20].http://world.huanqiu.com/regions/2013-03/3743172_2.html.

❷ 伍海燕,陈雪莲.国外城镇化经验教训:过快城镇化造大量贫民窟[EB/OL].(2013-03-18)[2018-06-20].http://world.huanqiu.com/regions/2013-03/3743172_2.html.

的一个过程，它实际上是城市中的各种服务设施和社会经济活动向城市中心聚集，又称为向心型城市化，这是城市化初期的基本形式，其在景观形态上表现为城市化中心地区人口和社会经济活动更加密集。我国在20世纪80年代以前，基本上处于集中型城市化的初级阶段。分散型城市化，又称离心型城市化，是指城市的经济活动和基本功能向外扩散，将其周围的非城市地域转化为城市地域的过程。在城市化的中级阶段乃至高级阶段，分散型城市化占主导地位。

四、大城市模式、中小城市模式、小城镇模式、大中小城市相结合和城市群模式

根据城市化的规模结构，可划分为大城市模式、中小城市模式、小城镇模式、大中小城市相结合和城市群模式。有以下几种不同的观点❶：一是主张优先发展大城市，认为大城市具有很强的资源集聚效应；二是有的主张发展中小城市，由于中国许多大城市陷入了"城市病"，然而中小城市整体发展缺乏活力，严重束缚了中小城市本应具有的吸纳农村人口、集聚产业的作用；三是主张优先发展小城镇，小城镇的发展可以把城乡两个市场较好、较快地连接起来，迅速地促进农村第二、第三产业的发展，由此大量地吸纳农村剩余劳动力，缓解农村人多地少的矛盾，进而促进农业规模效益的提高和农民收入的增长，还可以缓解大中城市人口膨胀的压力；四是主张大中小城市相结合的模式，中国人多地广，地域差异性大，不可能采取单一战略模式去解决城市化问题，而应走大中小城市相结合的城市化模式；五是城市群带动模式，认为城市群（都市圈）是中国最有效率的、最切合实际的模式，符合中国"人多地少、资源短缺"的国情，适应可持续城市化发展的要求。中国存在不同规模的城市，这些城市内部结构客观上说存在一定的差异，中国现阶段的城镇化道路应该着力构建不同的城镇体系，促进各种不同类别的城市合理分工和协调发展。

---

❶ 刘习平.中国城市化进程中的道路选择[J].党政干部学刊,2009(6):42-44.

五、拉力型城镇化和推力型城镇化

拉力型城镇化指的是城市工业部门劳动收入明显高于农业生产，在这两种部门效益差的驱使下，构成农村剩余劳动力向城市转移的"拉"力，从而促进农业剩余劳动力的转移和城镇化。推力型城镇化指的是随着农业生产效率的提高，释放大量剩余劳动力，从而构成劳动力向城市或其他非农产业转移的"推"力。

按照张培刚先生的观点，中国的工业化或城镇化有"拉力"而无"推力"，必然会出现大问题。张培刚模式的合理性在于其完全符合马斯洛需求层次理论，因为一个国家（地区）把提高农业效率放在首位，也就意味着这个国家（地区）国民底层需要将优先得到保证，然后随着底层产业的边际效用递减，新生的发展动力便向上蕴集，构成上"推力"，促进上层的产业繁荣，而上层的产业则对底层剩余劳动力构成"拉力"。但反过来，有"推力"无"拉力"也不行。中国的改革开放是从农村开始的，由于农业生产方式和组织方式的变革，农业效率大幅提高，出现了大量的剩余劳动力，形成了向城市转移的"推力"，农民进城后没有足够的产业作为支撑，农民就业问题成为大难题，同时，我国的二元户籍制度、僵化的土地产权以及农村教育投资的滞后导致劳动力结构平坦化，也造成"拉"的力量不足。

事实上，中国的城镇化并非"推"有余而"拉"不足，而是因为我国二元户籍制度及僵化的土地产权两大制度障碍导致了"拉力"的严重不足，从而使农村本来并未真正释放的"推力"就变得相对有余了。按照张培刚的观点，农业的"推力"必须在农业工业化完成后才会真正释放出来，但我国改革开放初期农业生产力的释放以及出现大量剩余劳动力并不是靠的农业工业化，本质上是制度松绑的结果。我国的农民至今仍然从事着小农的原始生产，工业化与农业生产的结合程度很弱。

六、粗放型城市化和集约型城市化

根据城市化过程中资源利用方式，可划分为粗放型城市化模式和集约型城市化模式。集约型城市化模式是指在城市化进程中，注重科学布局和规划，特别是节约利用土地和各种资源，以最小的资源消耗和环境代价带来最大的产出，使城镇的资源运作和价值创造更加绿色，发展更有后劲。粗放型城市化模式是指在城市化进程中，片面追求城市化数量的提升——城市规模和城市面积的增加，忽视城市化质量的提高。粗放型城市化道路是在城市化初期和城市化快速发展时期表现出来的一种城市化模式。因为城市化进程首先必须是一个量的扩张阶段，即增加城市人口，扩大城市面积，但量的扩张不是城市化的全部，在量的扩张后更重要的是城市化质的提高，即城市人民生活水平的提高和社会生产方式的转变。中国当前的城市化在量的扩张阶段后放松了对城市化质的要求，导致在城市化进程中出现严重的粗放性特征。

第四节 不同城镇化道路与三者协调发展的关系

当前，一些学者对中国的城镇化道路提出了各自的意见，主要有这样几种观点和争论：大城市化道路、中小城市化道路、小城镇化道路、大中小协调发展道路、城市群道路。但今后中国的城镇化道路究竟怎样选择才能促进中国土地城镇化、人口城镇化及产业集聚协调发展？本部分通过系统分析不同城镇化道路与土地城镇化、人口城镇化及产业集聚协调发展，并提出中国当前城镇化道路选择。

一、大城市化道路

（一）人口现状和问题

大城市在转移剩余劳动力方面具有得天独厚的优势，主要原因在于大城市优质的社会公共资源对流动人口形成了强大的吸引力。因此，这使得大城市人口流动形成"盆地聚集效应"，大城市常住人口日益增加，见表7-2。

表7-2　中国主要大城市人口变化情况

城市	第六次人口普查人口数（万）	占全国比重（%）	
		2000年	2016年
北京	1961	1.09	1.57
天津	1294	0.79	1.23
上海	2302	1.32	1.75
广州	1270	0.78	1.02
深圳	1036	0.55	0.86

数据来源：根据数据资料整理而得。

2016年相比于2000年，像北京、天津、上海、广州、深圳等大城市占全国人口的比重都提高了，其中人口比重增加最快的是北京和上海（见图7-4）。

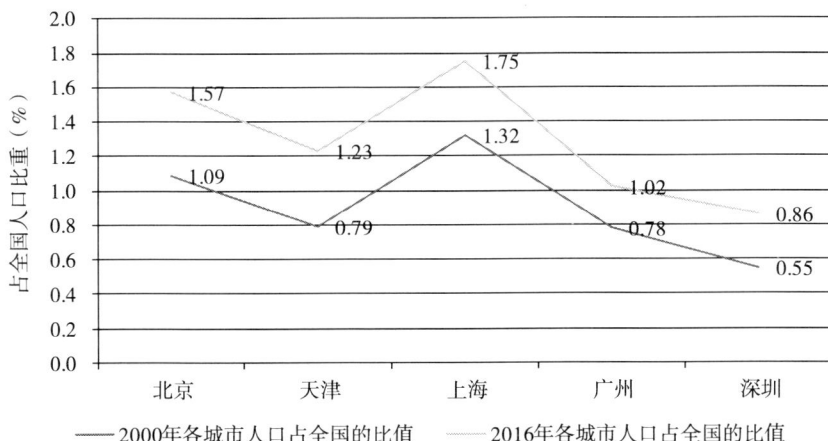

图7-4　中国主要大城市2000年和2016年占全国人口的比重

数据来源：根据数据资料整理而得。

北京、上海、广州、深圳等大城市人口增长很快，如北京市常住人口由2005年的1538万人增加到2016年的2173万人，这短短11年间增长了635万人；上海市2016年常住人口达到2420万人，比2010年增加117万人，城市人口密度很大。❶大城市在人口迅猛增加的同时，"城市病"问题开始显现，带来一系列的问题，主要表现为：人口与资源环境的矛盾日益加剧，水、电、气、热、煤等生活资源供应紧张；道路拥挤、公共基础设施不堪重负；公共服务，像教育、医疗、住房、社会保障无法满足新增人口的需求。如何应对人口激增，已成为摆在大城市面前一道亟待破解的难题。

（二）城市土地现状

随着中国对城镇化认识的转变以及对地方政府土地财政依赖问题的重视，针对中国不少城市用地迅猛扩张的现实，土地管理部门也逐渐意识到必须在土地供应上严格把关，对大城市的土地供应进行了一定的限制。❷如国土资源部表示："为扭转城市周边高产良田被钢筋水泥加剧圈占的局面，我国将从人口500万以上的大城市周边开始，划定永久基本农田❸，并逐步划定覆盖全部城市、小城镇和农村的耕地红线；东部三大城市群，要以盘活土地存量为主，今后将逐步调减东部地区新增建设用地供应，除生活用地外，原则上不再安排人口500万以上特大城市新增建设用地。"一些大城市的政府部门对建设用地扩张也进行了一些规定。如2014年上海市下发了《关于进一步提高本市土地节约集约利用水平的若干意见》，提出对新增建设用地实行"稳中有降、逐年递减"。

---

❶ 数据来源于历年《中国城市统计年鉴》。

❷ 如国土资源部表示："为扭转城市周边高产良田被钢筋水泥加剧圈占的局面,中国将从人口500万以上的大城 市周边开始,划定永久基本农田,并逐步划定覆盖全部城市、小城镇和农村的耕地红线;东部三大城市群,要以盘活土地存量为主,今后将逐步调减东部地区新增建设用地供应,除生活用地外,原则上不再安排人口500万以上特大城市新增建设用地。"

❸ 城镇周边的耕地,大多是世代耕种养护形成的高产田。这些"宝田"在城镇发展过程中,被钢筋水泥逐步吞噬,造成的后果是永远无法弥补的。

大城市的市区面积在五年时间内变化幅度很小，很多城市甚至未发生变化。建成区❶面积像北京、上海等城市近5年来变化不大。天津、南京、杭州、武汉、深圳呈现出一定的扩张趋势（见表7-3、图7-5）。总体上来看，为了防止中国一些大城市无序扩张，城市土地供应将会趋紧，主要以改善存量土地为主，所以就城镇土地资源来看，土地空间有限。

表7-3　2012~2016年中国一些大城市市区面积和建成区面积状况（单位：平方公里）

地区	2012年		2013年		2014年		2015年		2016年	
	市区面积	建成区面积	市区面积	建成区面积	市区面积	建成区面积	市区面积	建成区面积	市区面积	建成区面积
北京	12187	1201	12187	1222	13565	1255	14853	1355	16140	1420
天津	7399	698	7688	721	8052	744	9536	856	11760	1081
上海	5155	880	5155	902	5155	925	5253	946	6341	999
南京	4733	652	4736	681	4752	702	4758	725	4766	743
杭州	3068	463	3068	481	3068	502	3122	521	3122	542
武汉	2718	525	2718	538	2718	559	2718	582	2718	612
深圳	1992	868	1992	889	1998	902	2001	925	2012	958

资料来源：根据《中国城市统计年鉴》整理而得。

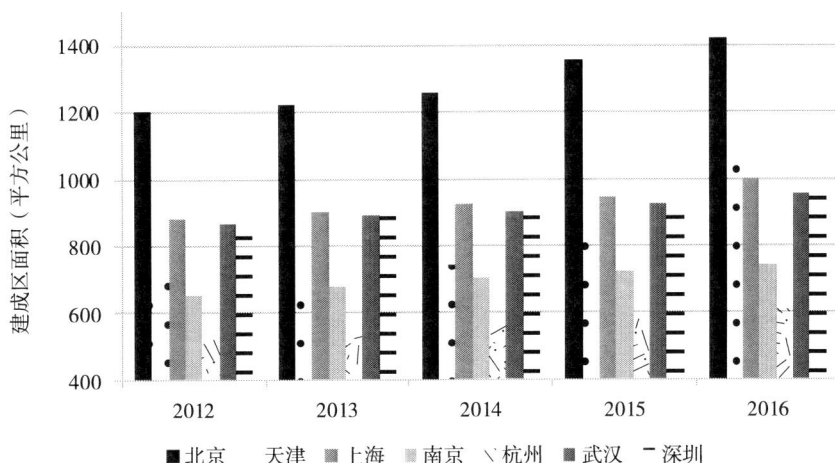

图7-5　2012~2016年中国主要大城市建成区面积变化情况

资料来源：根据《中国城市统计年鉴》进行整理。

❶建成区是指城市行政围内，实际建成或在建的、相对集中分布的地区。包括市区集中连片的部分，以及分散到近郊区内、但与城市有着密切联系的其他城市建设用地。

（三）产业集聚状况

大城市的产业集聚特征：第一，产业和人口的密度较大，非常集中。第二，从产业结构上来看，主要以第三产业为主，其次是第二产业，比重最小的是第一产业，如2016年北京市三次产业结构的比重由上年的0.6：19.7：79.7变化为0.5：19.2：80.3，第三产业的主导地位进一步加强；上海市2016年三次产业的比例关系为0.4：29.1：70.5，第三产业比重已连续多年保持在50%以上。❶因此，大城市往往都是综合型的，主要是第三产业。

（四）大城市化道路与人口城镇化、土地城镇化及产业集聚协调发展的关系

（1）大城市化道路面临的人口约束。现在北京、上海、广州等特大城市无法再集聚和承载更多的人口，"城市病"也越来越突出，譬如日趋严重的雾霾问题等。因此，在放开中小城市落户限制的同时，严格控制特大城市人口规模将是这些城市发展面临的选择。可以预见，未来中国大城市人口增长将会趋缓，发展大城市难以转移中国庞大的农村人口。

（2）大城市化道路面临的土地约束。为了防止中国一些大城市无序扩张，城市土地供应将会趋于紧张，如2013年国土资源部印发了《关于下达〈2013年全国土地利用计划〉的通知》，要求严格控制大城市建设用地规模。加之原有的经济密度较高，企业进入大城市面临土地约束。

（3）产业集聚发展面临的选择。大城市人口和产业非常集中，在发展的过程中要有一定的侧重点，主要是发展高端产业，优化城市人口数量和结构，一定程度上避免城市人口的无序扩张，实现人口和产业的良性互动。具体来看：第一，在产业集聚的过程中，要适当地控制人口数量，在产业选择上可以发展高端服务业，高端服务业对人才的素质要求比较高，

---

❶ 数据来源于北京市、上海市统计年鉴。

有一定的门槛，可以在一定程度上控制人口数量。第二，控制城市规模，防止无序扩张，集约利用土地资源，以转换存量土地为主。第三，对第二产业实行结构升级，发展高端制造业，促进高端制造业的产业集聚。第四，加强与国外经济联系，招商引资，吸引国外高端制造业和服务业入驻，提升城镇化的档次。在资本全球流动的背景下，国际大都市的经济呈现以高端服务业为主导，旅游零售、文化创意和休闲产业等综合发展的多元化特征。如伦敦的国际金融业占据全球20%的跨境借贷、40%的非英国股票交易、32%的外汇交易、43%的衍生品场外交易以及二级市场70%的国际债券交易。[1]发展高端产业可优化人口结构，一定程度上避免了城市人口的无序扩张。

（4）发展大城市与三者协调的关系。当前，中国大城市面临着人口和土地的双重约束，因此，大城市发展的重点是有效地控制人口规模和实现土地的集约利用，在产业集聚方式上大力发展高端产业，也是为了在一定程度上控制人口规模。所以，发展大城市化道路，难以实现人口城镇化、土地城镇化和产业集聚的协调发展。

二、中小城市化道路

（一）人口现状

根据《2013年中国中小城市绿皮书》中对城市规模等级划分标准[2]，中小城市指的是市区常住人口在100万以下的城市，按照此划分标准，全国共有2816个中小城市，这些中小城市占全国经济总量达到84.5%，但是直接影响和辐射区域城镇化率仅为35.1%。中国城镇化率由2000年的

---

❶ 杨舸.构建合理城市体系缓解大城市人口压力[N].中国社会科学报,2013-01-01(1).

❷ 市区常住人口50万以下的为小城市,50万~100万的为中等城市,100万~300万的为大城市,300万~1000万的为特大城市,1000万以上的为巨型城市。

36.2%提升到2016年的57.35%，但中小城市及其直接影响和辐射的区域的城市化率仅为35.1%，远低于全国平均水平。[1]这说明，中小城市在吸纳农村转移人口方面还具备一定的潜力，可以成为未来人口转移的方向。

（二）城市土地现状

总的来说，中小城市土地比较丰富，价格不高，利用比较分散，中小城市土地资源非集约利用比较普遍，各地都在建新城和开发区，但是这些新城和开发区没有人气，土地利用效率低下，耕地保护压力剧增。

（三）产业集聚状况

中小城市产业集聚的特征：第一，产业和人口比较集中，发展较快。第二，从产业结构上来看，主要是以第二产业为主，其次是第三产业，比重最小的是第一产业。中小城市一般都是专业性质的制造地。第三，中等城市的产业相比于中小城市集约度高，服务于整个区域，在这个区域内起领头羊的作用，通过产业关联带动小城市发展。

（四）中小城市化道路与人口城镇化、土地城镇化及产业集聚的关系

（1）中小城市人口有很大的发展潜力。根据《2013年中国中小城市绿皮书》的统计，中国2816个中小城市直接影响和辐射的行政区面积和总人口分别为934万平方公里和11.56亿人，分别占国土面积全国总人口的97.3%和85.4%。[2]中国中小城市转移人口的潜力还非常大。很多权威机构预测，到2030年左右，我国城镇人口应该有10亿左右，所以说还有大量的农村人口需要转为市民。假如中国150多个中等城市每个城市再吸纳20

---

❶ 2013年中国中小城市绿皮书在京发布[EB/OL].（2013-10-22）[2018-06-23]. http://news.xin-huanet.com/overseas/2013-10/22/c_125576622.htm.

❷ 杨中川.城镇化率仅35.1%，全国2816个中小城市发展潜力巨大[EB/OL].（2013-10-24）[2018-06-23].http://house.focus.cn/news/2013-10-22/4174105.html.

万人口，260多个小城市每个再吸纳10万人口，就能解决1.5亿多人口的就业和安居问题。❶

（2）土地资源丰富但也面临一些约束。中小城市土地利用比较分散，可供利用的土地资源丰富，城市发展的土地资源潜力比较大，但也面临着土地扩张的约束，如2013年国土资源部印发了《关于下达〈2013年全国土地利用计划〉的通知》，要求各地区统筹安排城乡建设用地，合理安排中小城市和小城镇建设用地，中小城市未来必须特别注意节约集约用地，提高中小城市土地利用效率，走内涵挖潜的集约型土地利用模式。

（3）产业集聚发展面临的选择。中小城市数量多、规模小、承载和服务功能弱，没有形成城镇化与工业化的联动发展，中小城镇的产业集聚能力有待提高。一是以科学规划为基础，推进城市转型发展。通过加强基础设施和改善人居环境提升城市的吸引力，通过转型升级和接纳产业转移培育特色产业和优势产业。二是产业特色集聚发展。中小城市要充分发挥各自的优势和特色，打造特色优势产业，同时以生产性服务业为重点，大力发展现代服务业，激发城镇发展活力。

（4）发展中小城市与三者协调的关系。中小城市在转移农村人口方面还有很大的潜力，而且从城市土地空间来说也还具有很大的承载力，我们可以把中小城市作为吸纳农民的一个主战场。同时，要改善中小城市功能，提高中小城市产业集聚度，解决转移农民工的就业问题。但是，中国是一个有着13亿人口的大国，农村人口还占有很大的比例，单纯地只发展中小城市，很难完成庞大的农村人口转移的重担。因此，如果只发展中小城市，中国的人口城镇化、土地城镇化及产业集聚很难实现协调发展。

---

❶ 刘振伟.中国上万个建制镇、中小城市转移人口潜力大[EB/OL]. (2014-03-09)[2018-06-21]. http://news.xinhuanet.com/2014-03/09/c_119679882.htm.

三、小城镇化道路

（一）人口现状

据统计，2002年中国21044个建制镇中，镇区人口大于3万人的仅为1069个，仅占总数的5.08%左右，此外62.3%的建制镇镇区人口低于5000人，24.7%的建制镇镇区人口低于2000人，显然中国建制镇的规模结构偏小。[1]到2016年，近10年来，小城镇共吸纳农村剩余劳动力6200多万人，占同期转移出的农村剩余劳动力的55%。小城镇的发展蓬勃兴起，人口已占全国城镇总人口的42%以上。

（二）土地现状

近些年，中国一些小城镇土地利用率低，土地效益没有得到发挥，有的小城镇在改制之后迅速扩张，小城镇与农村地区紧密相连，小城镇的扩张势必导致大量耕地被占用，浪费了土地资源。目前，中国小城镇单位土地面积提供的国内生产总值仅相当于城市平均水平的1/3，相当于200万人口以上城市的3%。[2]

（三）产业集聚现状

小城镇产业集聚的特征：第一，小城镇吸纳就业能力和聚集效益低于大中城市，但进入门槛较低，居民生活成本较低。由于镶嵌于农村地带，小城镇具有推进农村产业升级的便利条件，在吸收农村人口上比大城市更具成本优势。第二，小城镇的产业功能则是服务广大农村。小城镇作为城乡交流协作的纽带和桥梁，产业发展服务农业的生产生活服务。第三，小

---

[1] 姜涛.小城镇的人口集聚问题研究[J].中国商界,2013(8).

[2] 付晓东.中国城市化与可持续发展[M].北京:新华出版社,2005:5-10.

城镇由于历史传统、自然环境和人文景观和经济条件不同，从而使每个地方的小城镇产业集聚和发展又具有各自的鲜明特色。

（四）小城镇化道路与人口城镇化、土地城镇化及产业集聚的关系

（1）小城镇转移人口的潜力大。小城镇转移人口的潜力非常大，中国的建制镇有17000多个，人口超过10万人的仅有56个，且主要分布在珠三角、长三江重要产业带，经济比较好的地方。大部分的小城镇很小，1/3的小城镇人口不到5000人，发展速度很慢。中国小城镇人口占整个城镇人口的比重最高时也仅仅为27%[1]，远远落后于美国和德国等欧美国家。中国有19000多个建制镇，如果每个建制镇再吸纳5000人，就是近1亿人。[2]

（2）小城镇土地利用潜力大。小城镇土地租金较低，外延开发成本较低，因此小城镇在开发建设过程中的主要特征是外延发展，而旧城镇改造的费用较高，会给地方财政造成较大负担，因而，大部分小城镇在建设中都是向外发展的，忽视内涵挖潜的现象十分严重，从而造成耕地的极大浪费，小城镇土地利用潜力较大。

（3）产业集聚面临的选择。中国小城镇直接与农村区域紧密相连，其产业集聚与城镇化互动发展的思路是：以农产品加工业为主的产业集聚，发挥地方特色，专业化、集约化、特色化发展。具体来看：第一，以农村农产品加工工业和服务业集聚为主。第二，在产业集聚和城镇化建设中，根据当地资源条件体现出特色化和专业化。第三，通过产业集聚引导和完善基础设施和城镇功能，提高小城镇发展质量。

---

[1] 住建部. 中国小城镇人口比例远远落后于欧美国家[EB/OL]. (2013-08-14)[2018-06-21]. http://china.haiwainet.cn/n/2013/0814/c345646-19302611.html.

[2] 刘振伟. 中国上万个建制镇、中小城市转移人口潜力大[EB/OL]. (2014-03-09)[2018-06-21]. http://news.xinhuanet.com/2014-03/09/c_119679882.htm.

四、大中小协调发展道路

(一) 人口现状

中国大城市人口增长很快，环境承载力下降，亟须有效控制人口激增的现状。中小城市及其直接影响和辐射的区域的城市化率远低于全国平均水平，仅为35.1%。[1]这说明，中小城市在吸纳农村转移人口方面还具备一定的潜力，可以成为未来人口转移的方向。小城镇发展已成为推进中国城镇化道路的重要途径之一，在吸纳农村剩余劳动力方面具有很大的潜力。虽然大城市人口规模大、在吸纳劳动力方面受限，但是中小城市和小城镇还具有很大的人口吸纳能力。

(二) 土地现状

为了防止中国一些大城市无序扩张，城市土地供应将会趋紧张，主要以改善存量土地为主，所以就大城市土地资源来看，土地空间有限。总的来说，中小城市土地比较丰富，价格不高，利用比较分散。小城镇土地利用率低，土地资源效益没有得到发挥。

(三) 产业集聚状况

大城市产业和人口的密度较大，非常集中，从产业结构上来看，主要是以第三产业为主，其次是第二产业，比重最小的是第一产业。中小城市产业集聚产业和人口比较集中，发展较快。从产业结构上来看，主要是以第二产业为主，其次是第三产业，比重最小的是第一产业。小城镇产业功能则是服务广大农村，接近农村市场，对农村劳动力有一定的吸纳作用。

---

[1] 2013年中国中小城市绿皮书在京发布[EB/OL].(2013-10-22)[2018-06-21]. http://news.xinhuanet.com/overseas/2013-10/22/c_125576622.htm.

（四）大中小协调发展道路与人口城镇化、土地城镇化及产业集聚的关系

（1）人口发展潜力。虽然现在中国的大城市"城市病"也越来越突出，无法再集聚和承载大规模的人口转移，但是通过合理规划，还可以吸纳一部分劳动力，因为中国的大城市人口密度与国外一些城市如东京、纽约等还存在一定的差距。中国中小城市和小城镇转移人口的潜力还非常大，假如中国150多个中等城市每个城市再吸纳20万农村人口，260多个小城市每个城市再吸纳10万农村人口，总共可以解决1.5亿多农村人口的城镇化问题；中国有19000多个建制镇，如果每个建制镇再吸纳5000人口，就可以再解决近1亿人口的城镇化问题。❶

（2）土地利用潜力。大城市土地供应将会趋于紧张，加之大城市原有的经济密度较高，企业进入大城市面临着土地约束。但是中小城市土地利用比较分散，可供利用的土地资源丰富，城市发展的土地资源潜力比较大，但中小城市未来必须走内涵挖潜的集约型土地利用模式。中国小城镇土地利用比较粗放，外延式扩张非常明显，土地配置效率低下，土地内涵式利用潜力大。因此，中国的大城市土地配置非常紧张，但中小城市和小城镇在城镇化进程中土地利用潜力有待进一步释放。

（3）产业集聚面临的选择。大城市人口和产业非常集中，在发展的过程中要有一定的侧重点，发展高端产业可优化人口结构、控制人口数量，在一定程度上避免了城市人口的无序扩张，实现人口和产业的良性互动。中小城市产业特色集聚发展，打造特色优势产业，同时以生产性服务业为重点，大力发展现代服务业，促进中小城市发展和人口就业。小城镇的产业功能则是服务广大农村，连接农村市场，解决一部分农村劳动力就业问题。

❶ 刘振伟. 中国上万个建制镇、中小城市转移人口潜力大[EB/OL]. (2014-03-09)[2018-06-21]. http://news.xinhuanet.com/2014-03/09/c_119679882.htm.

五、城市群道路

(一) 人口和土地现状

目前，中国已形成若干城市群的雏形●，但发育比较成熟的有长三角、珠三角和京津冀三大城市群。以中国三大区域经济龙头的珠三角、长三角、京津冀为例，珠三角占国土面积的0.3%，占全国人口的3%；长三角占国土面积的2%，占全国人口的6%；京津冀占国土面积的2.27%，占全国人口近6%，见表7-4。

表7-4 中国三大城市群国土面积和人口占全国的比重

三大城市群	国土面积占全国比重（%）	人口占全国比重（%）
珠三角	0.30	3.00
长三角	2.00	6.00
京津冀	2.27	6.00

资料来源：http://jingji.cntv.cn/2013/12/17/ARTI1387276848314230.shtml.

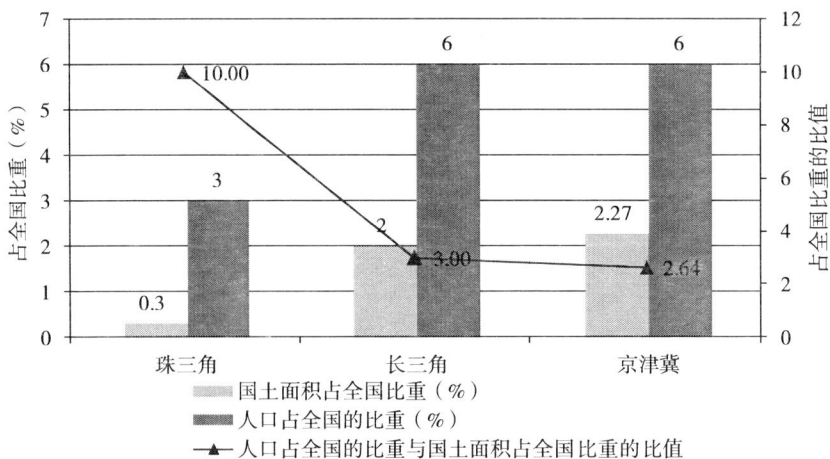

图7-6 三大城市群人口和国土面积占全国比重情况

数据来源：http://jingji.cntv.cn/2013/12/17/ARTI1387276848314230.shtml.

● 包括内陆的长株潭城市群、大武汉城市群、成渝城市群和中原城市群，以及沿海的山东半岛城市群、辽东半岛 城市群等。

如图7-6所示，三大城市人口占全国比重远远高于国土面积占全国比重，其中人口占全国比重与国土面积占全国比重之间的比值最大的是珠三角，其次是长三角，最低的是京津冀城市群，三大城市群在吸纳人口方面发挥了重要作用，各个城市群的人口密度都比较大。

（二）产业集聚状况

城市群内部分为中心城市和外围城市，一般来看，服务业集聚在中心城市，金融、管理、专业服务和信息传播等服务业的机构和就业明显增长，服务业成为中心城市的主导产业。一般制造业则由中心城市向外扩散。

三、城市群道路与人口城镇化、土地城镇化及产业集聚的关系

（1）人口发展潜力。东部地区京津冀、长三角、珠三角三大城市群聚集了很多人口，人口密度较大，这三大城市群的人口要实行分流。但其他中西部地区的城市群在吸纳人口方面具有很大的潜力，如长株潭城市群、大武汉城市群、成渝城市群和中原城市群，这些城市群人口密度并不是很大，可以作为农村人口转移的承接地。

（2）土地发展潜力。国土资源部对东部地区，特别是京津冀、长三角、珠三角三大城市群减少建设用地规模，在建设用地使用中"盘活存量、严控增量"，这三大城市群在发展的过程中面临着土地约束趋紧。但中国已有14个城市群初具雏形❶，这些城市群还有很大的土地发展空间。

（3）产业集聚面临的选择。中国城市群当前一个非常突出的问题就是，各城市在产业上还没有形成合理的分工，同构现象普遍而严重。例

---

❶武汉城市群、长株潭城市群、江淮城市群、呼包鄂城市群、兰州城市群、乌昌城市群、黔中城市群、银川城市群、拉萨城市群、太原城市群、石家庄城市群、滇中城市群、环鄱阳湖城市群、南宁城市群。

如，长三角城市群各城市间的产业同构率均在65%以上，尤其是电子信息、汽车、新材料、生物医药等支柱产业的趋同率更高达70%。造成重复建设和资源浪费，制约了城市群整体的发展。❶因此，城市群的产业布局要合理规划，引导城市群建立产业链条和集群上的关联配套，强化城市群内产业链的衔接及经济要素和人口的有效流动。

六、当前城镇化道路选择

（一）大中小城市与小城镇联动发展的城镇化道路

由于中国人口众多、地域广阔，大城市、中小城市以及小城镇都是客观存在的。单独只发展任何一种城市类型，都难以实现城镇化。很显然，不可能让大部分人都集中到大城市，大城市无法承载如此庞大的人口数量，因此，集中型的大城市化道路走不通；中小城市又很难完全胜任转移如此庞大的农村人口的重任；小城镇缺乏规模效益，也不能只实行分散型的小城镇化道路。因此，中国特色的城镇化只能选择大中小城市与小城镇协调发展的多元化的城镇化道路。

（二）以城市群为主体形态

促进大中小城市和小城镇协调发展，就是要发挥各个城市在产业发展、就业等方面的优势，之所以以城市群为主体形态，因为城市群本身就含有大中小城市和小城镇等各个不同的城市规模体系，它们通过交通网络和信息网络联合起来，反映在经济紧密联系、之间的产业分工与合作以及人口的流动。城市群不只是以中心城市为核心、空间上集中分布的一群城市，而更重要的是强调城市群在城镇功能定位和产业经济发展方面能够合

❶ 黄顺江.中国城市群发展现状与趋势(三):城市群发展中存在的问题[EB/OL].(2010-08-11)[2018-06-21]. http://www.chinacity.org.cn/cstj/zjwz/59732.html.

作共赢、在公共服务和基础设施体系建设方面能够共建共享，促进产业发展、就业转移和人口集聚相统一。从各国城市化的模式看，当城市化进入一定阶段后，城市群已逐渐成为城市化进程中的主体形态，在市场机制作用下，必然在更大范围内，逐步形成以特大城市为龙头，中小城市和小城镇集群协调分布，并通过高效便捷的交通走廊相连接的城市群。

第五节　促进中国人口、土地及产业协调发展的城镇化道路

当前，中国城镇化率已经超过了50%，处于城镇化加速发展的中期阶段，特别要注重城镇化质量的提高，促进中国土地城镇化、人口城镇化和产业集聚协调发展是提升城镇化质量的重要环节，有必要进行系统的研究和探讨。

一、运行机制和管理调控方式——市场为主，政府为辅

中国城镇化的典型特征是政府主导、大范围规划、整体推动。由政府主导城镇化严重扭曲了市场机制的决定性作用，加之当前政府和考核机制不合理，容易导致地方领导片面追求表面政绩，助长粗放型城镇发展模式。在土地财政的激励作用下，本来应该由产业发展推动的城镇化，变成行政手段主导下的"土地城镇化"。政府主导的城镇化必然导致"土地城镇化"快于"人口城镇化"。陆大道等研究认为，由于政府行政因素的推动，中国的城镇化进程正处在一个"大跃进"和空间扩展失控状态。❶因此，当前必须从中国的国情出发，加强市场力量城镇化进程的牵引力，同时充分发挥政府调控、监督和引导等方面的作用。政府与市场在城镇化进

---

❶ 陆大道,等.关于遏制冒进式城镇化和空间失控的建议[R].中国科学院院士咨询报告,2007.

程中发挥双重作用是国外城镇化的成功模式，其中以市场主导，政府调控为辅助。在城镇化过程中，既要通过市场促进资源要素合理流动，又要防止政府盲目推动的"大跃进"式的城镇化建设。具体来说，政府应该加快职能和角色的转变，把在推进城镇化进程中的作用限制在制度建设、法律保障和社会公共服务方面等方面，让市场机制在资源配置方面发挥决定性的作用，中国的城镇化才能更加协调、更加顺利地得到推进和发展。

二、城镇化动力机制——"推力"和"拉力"相结合

城市的吸引力（拉力）与乡村的扩张力（推力）是构成城镇化持续推进的动力机制。随着中国农业生产方式和组织方式的变革，农业生产效率大幅提高，出现了大量的剩余劳动力，形成了向城市转移的"推力"，但是农民进城后需要有产业作为支撑，解决农民工的就业和安居问题，这就需要城镇能够容纳足够的农民工，形成对剩余劳动力的"拉力"。"推力"和"拉力"相结合，才能有效促进人口转移。但是，中国二元户籍制度及僵化的土地产权两大制度障碍导致了"拉力"的严重不足，需要破解城乡分割的二元户籍制度和土地产权制度。同时，推力和拉力的平衡和协调至关重要，拉力过大，会削弱农业和农村的发展；当推力过大，又出现严重的失业现象和城镇发展秩序混乱等社会问题。

三、城镇化与工业化相互关系——同步城镇化

过度城市化带来城市人口过度增长，城市建设的步伐赶不上人口城市化速度。滞后城市化的城市化水平落后于工业化和经济发展水平。目前中国城市化率相对落后，工业化率相对超前，服务业发展不足。

工业化率与城市化率曲线几乎是两条平行上升的曲线，1841~1931年间英国为0.985，1866~1946年间法国为0.970，1870~1940年间瑞典为0.967（见表7-5）。

表7-5　主要西方国家不同阶段工业化与城市化的相关系数

国家（地区）	年份	工业化与城市化的相关系数
英国	1841~1931年	0.985
法国	1866~1946年	0.970
瑞典	1866~1946年	0.967

资料来源：http://roll.sohu.com/20130416/n372790777.shtml.

反过来，城市化的更高品质也会促进经济发展。从世界城市化发展的实践来看，2012年世界城镇化率为53%，其中高收入国家城镇化率为80%，中高等收入国家为61%，中等收入国家为50%，中低收入国家为46%，中低等收入国家为39%，低收入国家为28%[1]，城镇化率、工业化率以及经济发展水平高度一致，经济发展水平较高的国家城镇化率和工业化率都较高，见图7-7。

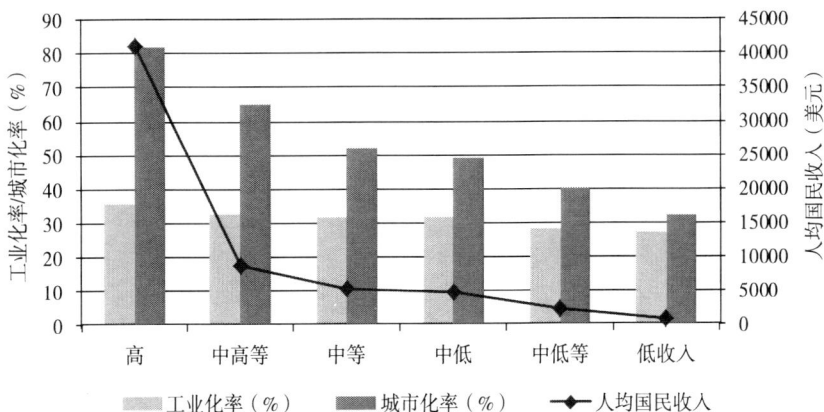

图7-7　2016年不同收入国家工业化与城市化率比较图

数据来源：根据世界银行网站数据进行整理。

[1] 资料来源：世界银行网站。

城镇化发展与经济发展水平紧密相关，这说明城镇化中土地城镇化、人口城镇化以及产业集聚是一个动态调整的过程，在经济发展水平的不同阶段，表现出不同的特征，应该用发展的眼光来看待城镇化进程中的土地城镇化、人口城镇化以及产业集聚三者的关系。同步城市化强调城市化与工业化相互协调，经济发展提供的城市就业量与农村转移的城镇人口的数量大体平衡，城市发展与农业剩余基本适应。这种城市化模式比较合理，城市化与工业化相辅相成。

四、空间表现形式——紧凑性地发展模式

发达国家建设用地规模均经历过"缓慢增长—加速增长—低速增长—基本稳定"的变化轨迹。在工业化和城镇化初期，建设用地缓慢增长；在城镇化加速时期，城市空间规模扩张逐渐加速；在城镇化与工业化后期到后工业化、信息化时期，随着城市产业的转型，在城市建设用地增速趋缓直至稳定，且逐渐由外溢型扩张转向内部优化与提升。以日本为例，日本自20世纪60年代经济快速发展以来，建设用地总量从1963年的78万公顷、人均81.12平方米增长为2007年的187万公顷和人均146.39平方米。当时日本国民生产总值的年平均增长率高达11.9%，与此相对应的是，从1963年到1973年，日本建设用地总量从78万公顷扩张到116万公顷，呈现加速上升态势，年增长率3%以上，最高点曾达到4.94%；从1974年至1985年，日本经济的年均增长速度为5.1%，建设用地增长速度呈现下降趋势，建设用地总量缓慢上升，增长率在1%~3%之间；1986年后日本受泡沫经济破灭的影响，建设用地量增长率在1%上下徘徊，其中2006年还出现零增长。❶

在城镇化的初期，地方政府的推动可有效促进城镇化快速发展，但是

---

❶ 王建武,卢静看.发达国家城镇化建设怎样用地[EB/OL].(2013-05-14)[2018-06-21].http://build.workercn.cn/26584/201305/14/130514084306594.shtml.

到了城镇化的中后期阶段，基于资源约束，蔓延式城镇化将不可持续。中国人均国土面积仅有7200平方米，而扣除高山高原后的人均平原面积只有860平方米，远低于美国的人均12500平方米和欧洲的人均8400平方米。❶中国人多地少，耕地面积有限，特别是平原面积有限的基本国情，决定了在今后的发展过程中要将低密度化和分散化的经济、工业布局纠正过来。

从总体上看，中国的土地城镇化快于人口城镇化，城市"摊大饼"式向周边蔓延显然已经不适应中国人多地少的基本国情，因此城镇发展的空间模式应该是"控制增量、挖潜存量"，旧城改造有利于节约城区占地，集约利用城区存量土地，但需要协调好旧城改造与保持传统风貌以及文物保护的关系。同时，人口较少的城镇在城区内部有更多的空闲空间，填充这些空间可增加城镇的紧凑度。

五、城镇化道路的选择——大中小城市和小城镇联动发展、以城市群为主体形态

由于中国人口众多、地域广阔，大城市、中小城市以及小城镇都是客观存在的。单独只发展任何一种城市类型，都难以实现城镇化。很显然，不可能让大部分人都集中到大城市，大城市无法承载如此庞大的人口数量，因此，集中型的大城市化道路走不通；中小城市又很难完全胜任转移如此庞大的农村人口的重任；小城镇缺乏集聚经济效益，也不能只实行分散型的小城镇化道路。因此，中国特色的城镇化只能选择集中型与分散型相结合、据点式与网络式相结合、大中小城市与小城镇协调发展的多元化的城镇化道路。未来中国将实行大小城市联动发展的城镇化发展模式，兼顾大中小城市合理分工、协调发展。因此，大城市空间上的辐射带动作用要充分发挥，进一步增强高端要素集聚、科技创新、文化引领和综合服务

---

❶ "十二五"城镇化发展高层论坛综述[EB/OL].(2012-03-26)[2018-06-21].http://cxtclaw.com/ShowArticle.shtml?ID=20123261145929909.htm,.

功能，中等城市要体现支撑作用，小城镇发展要起到过渡和梯度转移作用。同时，以城市群为主体形态，通过交通网络和信息网络把规模不同的城市联合起来。发挥城市群的群聚效应、大中城市的辐射带动作用、小城镇的纽带和桥梁作用。

六、体制改革的重点——制度松绑、改革和政策建设

（一）改革户籍管理制度

城乡分割的户籍制度延续至今，期间积累了过多矛盾，但户籍制度改革也不能操之过急，可以分步实施。根据当前的情况，要全面放开建制镇和小城市落户限制，有序放开中等城市落户限制，合理确定大城市落户条件，严格控制特大城市人口规模，合理设定特大城市的落户条件。目前在推进改革的进程中，还要做好全面协调工作。

（二）加快土地制度创新

土地不仅是重要的生产要素，还是农村居民的生活保障，对于迁出的农民来说，放弃土地就意味着放弃财富。在农村，农民的土地产权主体不明，流转受到严格限制，转移农户土地收益权不能体现对人口城镇化产生了粘效应，也造成了大量的"两栖"农民，形成了人口城镇化的反拉力。因此，建立农村土地产权的分割流转机制，势在必行。加快推进集体建设用地所有权及使用权的确权、登记、颁证工作，为集体建设用地流转奠定基础。建立科学合理的集体建设用地流转收益分配制度，建立健全相关税费制度，有效保证集体土地流转的依法运行，实现农村集体土地收益。严格宅基地审批，对新增宅基地实行有偿使用制度，对符合规划和规定面积的宅基地，建立市场化的流转和退出机制。赋予农民对承包土地、宅基地更大的处置权，允许对农村土地承包经营权继承、抵押、转让。加快农民

工市民化，要通过对农村宅基地进行制度改革，把宅基地的转移权、收益权、使用权、占有权归还农民。❶让愿意进城的农民带着财产进城，不但可以解除进城农民工的后顾之忧，还可以提高农村承包地、宅基地利用效率。

（三）深化财税金融体制改革

通过财税金融体制改革，形成有利于城镇化可持续发展的激励机制。一是合理划分不同层级政府的事权和支出责任。适当调整财税利益分配，加大中央财政转移支付力度，实现让进城农民工和失地农民享受与城镇居民同等的待遇，缓解地方政府户籍改革的财政支出压力。二是合理确定土地出让收入在不同主体间的分配比例，将政府土地出让收入纳入公共财政进行管理，建立有效的监督机制，提高土地出让收入的使用效率。三是深化城镇建设投融资体制改革，要放宽市场准入，建立多元化、多渠道的资金供给模式，资金向有现代化产业发展基础、土地优化配置利用的城镇化综合建设项目倾斜。

（四）实行"人地挂钩"政策❷

"人地挂钩"，即城乡之间城镇建设用地的增加规模与吸纳农村人口进城定居的规模相挂钩，地区之间城镇建设用地增加规模与吸纳外来人口定居的规模相挂钩。探索人地挂钩土地管理新模式，可以促进人口城镇化与土地城镇化协同推进，有效破解城镇化、工业化和农业现代化协调发展用

---

❶ 于兴业，等.农民工市民化与农村土地制度创新[J].东北农业大学学报(社会科学版)，2013（4）：32-35.

❷ "人地挂钩"，即城乡之间城镇建设用地的增加规模与吸纳农村人口进城定居的规模相挂钩，地区之间城镇建设用地增加规模与吸纳外来人口定居的规模相挂钩。探索人地挂钩土地管理新模式，可以促进人口城镇化与土地城镇化协同推进，有效破解城镇化、工业化和农业现代化协调发展用地矛盾，进一步提高土地节约集约利用水平。"人地挂钩"政策从制度层面破解了当前城镇化过程中"要地不要人"的弊端，在多个方面可以促进新型城镇化发展。

地矛盾，进一步提高土地节约集约利用水平。农民来到城市工作，在当地落户得到妥善安置后，农村的原有宅基地、耕地可以"腾出来"，复耕或者变成建设用地，这样该农民所居住的城市也就获得了建设用地指标资格，该城市也就可以通过购买这些建设用地指标得到扩张。把每年的土地分配指标和人口户籍化的指标相结合，地方政府想要土地指标，必须安排一定数量的人口入籍，这样地方政府再要地就得先考虑安排人入籍的负担。"人地挂钩"政策从制度层面破解了当前城镇化过程中"要地不要人"的弊端，在多个方面可以促进新型城镇化发展。

"人地挂钩"要特别注意以下几个方面问题：一是尊重农民意愿和自主权，不能损害农民土地权益。二是制定和完善农村宅基地退出、农村土地确权、"人随地走"的具体标准、农民在土地增值中的收益权、转户进城待遇等与"人地挂钩"相关的配套政策。三是"人地挂钩"必须立足土地资源节约，进一步盘活农村建设用地存量，推进城乡土地功能互补。同时，优化建设用地在大、中、小城市间的配置，防止土地供应"一刀切"、人为造城。四是建立"人地挂钩"信息管理平台，运用现代化的管理手段，分析统计人口流动以及土地增减。五是"人地挂钩"政策的推广需要稳步推进，初期应在区域经济发展条件较好、政府管理水平较高、具有较多农民工市民化条件的地区进行试点，然后再向其他地区推进。

七、发展的重点——注重人口就业，实现产业城镇化

我们推进城镇化，要高度重视产业支撑问题，保持城镇化进程与产业发展同步协调，新型城镇化的核心是"人"的城镇化，即"城镇化不是简单的城市人口的增加和建筑面积扩张，而是要在产业支撑、人居环境、社会保障、生活方式等方面实现由乡到城的转变"。实现新型城镇化的关键，在于通过产业发展提供足够的就业机会，发挥产业集聚效应，吸引大量进

城农民并逐渐使农民向市民转化。未来中国的城镇化将会更加注重提升产业城镇化发展质量，在拆迁、建新楼、扩新区的同时，会更加重视为失地农民或外来务工人员提供多种多样的就业机会，实现地区经济活动由农业生产向工业、服务业的转移。

因此，对于大城市而言，产业集聚发展的思路是合理控制城市规模❶，在产业转型升级方面做文章，充分发挥辐射带动作用。具体来看：第一，在产业集聚的过程中，要适当地控制人口数量，在产业选择上可以发展高端服务业，高端服务业对人才的素质要求比较高，有一定的门槛，可以在一定程度上控制人口数量。第二，对第二产业实行结构升级，发展高端制造业，促进高端制造业的产业集聚。第三，在产业集聚方式上，实行产业集聚区功能分区，把住宅、商业、工业进行功能划分，减少对居民生活环境的干扰，提升居民生活质量。第四，加强与国外经济联系，招商引资，吸引国外高端制造业和服务业入驻，提升城镇化的档次。

对于中小城市而言，一是以科学规划为基础，推进城市转型发展。通过接纳产业转移及转型升级，培育出自身的特色产业和优势产业，为加强基础设施、改善人居环境提供坚实基础，进而提升城市的吸引力和吸纳能力，形成与城市群衔接有序、错位发展、和谐共赢的发展格局。二是产业特色集聚发展。坚持走新型工业化道路，依托人力资源、区位禀赋资源，大力改造提升传统产业，培育发展新兴产业，打造特色优势产业，同时以生产性服务业为重点，大力发展现代服务业，激发城镇发展活力。

对小城镇以农产品加工业为主的产业集聚，要发挥地方特色，向专业化、集约化、特色化方面发展。具体来看，一是以农村农产品加工工业和服务业集聚为主。二是在产业集聚和城镇化建设中，根据当地资源条件体

---

❶ 张平.中国将合理控制特大城市规模寻求城镇化科学发展[EB/OL].（2013-03-08）[2018-06-22]. http://news.xinhuanet.com/2013lh/2013-03/08/c_114947625.htm.

现出特色化和专业化。三是通过产业集聚引导和完善基础设施和城镇功能，提高小城镇发展质量。

八、发展的方向——集约型城镇化

一是注重城镇土地内涵挖潜，提高城镇土地使用效率。全面清查摸底，建立闲置低效用地数据库，实现了对闲置低效用地的跟踪管理，尽快制订盘活存量建设用地发展规划和具体计划，提高用地的集约程度。二是建设紧凑型城镇。统筹市政规划建设，提高城镇公共设施利用效率，降低城镇化发展成本，对交通、建筑、土地的利用进行统筹规划，提高城市管理效率，理顺就业密集区和居住密集区的空间配置关系，降低城镇居民平均出行时间。三是推进城乡建设用地置换，在总量上控制城镇建设用地规模，提高土地利用的集约程度。

第六节　本章小结

根据国际经验，城市化率30%~70%时是城市化的加速阶段，2016年中国城镇化率是57.35%，这说明中国已经进入城镇化的加速阶段，正处于加速阶段上半场向下半场的过渡阶段。与工业化一样，城镇化加速阶段上半场也是城镇化量的扩张阶段，到了下半场，尽管速度还是比较快，但已过渡到质的提升阶段。相较于上半阶段，下半阶段城镇化的速度有所减缓，更多地强调城镇化质量的提高。

完全政府主导或者完全市场主导的城镇化都会带来一系列的弊端；滞后城市化和过度城镇化模式表现为城镇化与工业化发展的不协调，同步城市化是中国未来发展的方向；城市化的空间表现形式，可划分为集中型城镇化和分散型城镇化，一般而言，集中型城镇化在初期占主导，在城市化的中级阶段乃至高级阶段，分散型城市化占主导地位；根据城市规模结构的多样性，要坚持大中小城市联动发展的城镇化模式；发挥"拉力"和"推力"相互促进的城镇化合力；未来城市化过程中资源利用方式要坚持集约型城市化模式。

分析了不同的城镇化道路与土地城镇化、人口城镇化及产业集聚协调发展的关系，通过分析我们得出如下结论：当前中国的城镇化要推行大中小城市与小城镇协调发展的城镇化道路，而且以城市群为主体形态。之所以要以城市群为主体形态，是因为城市群本身就含有大中小城市和小城镇，它们通过交通网络和信息网络联合起来，反映在经济紧密联系、之间的产业分工与合作以及人口的流动方面。

促进中国土地城镇化、人口城镇化和产业集聚协调发展的路径包括：坚持以市场为主、以政府为辅的运行机制和管理调控方式；发挥"推力"和"拉力"相结合的城镇化动力作用；选择同步城镇化发展路径；打造紧凑型的空间发展格局；坚持大中小城市和小城镇联动发展、以城市群为主体形态的城镇化模式；改革户籍制度、集体土地流转制度、财税体制和实行"人地挂钩"政策；注重人口就业，实现产业城镇化是未来城镇化发展的重点；集约型城镇化是中国未来城镇化发展的方向。

第八章　研究总结与展望

第一节　研究总结

本书从理论上探讨了土地城镇化、人口城镇化及产业集聚的内在关系，系统分析了三者协调发展对城市经济增长、社会发展以及资源环境带来的影响，并测算出了当前中国土地城镇化、人口城镇化及产业集聚的发展现状和效率，实证研究了影响三者协调发展的因素，并提出了促进三者协调发展的城镇化道路。主要结论如下：

第一，从土地城镇化、人口城镇化及产业集聚的内在关系来看，土地城镇化是人口城镇化和产业集聚的空间载体；产业集聚是土地城镇化和人口城镇化的重要支撑；人口城镇化是土地城镇化和产业集聚的核心要素。土地城镇化、人口城镇化及产业集聚协调发展可以有效地促进城市经济增长、社会发展以及资源环境的改善。土地城镇化、人口城镇化过快或过慢及产业集聚过高或过低都会对城市经济增长、社会发展和资源环境带来负面影响。基于此，可以得出如下结论：土地城镇化、人口城镇化及产业集聚协调对促进城市可持续发展至关重要。

第二，当前中国土地城镇化快于人口城镇化的现状非常明显，从国家层面上来看，通过城镇用地增长弹性系数来测度土地城镇化和人口城镇化的速度发现，2000~2016年，中国绝大多数年份建成区面积增长率都大于城镇人口增长率，除了个别年份城镇用地增长弹性系数小于1.12外，其他大部分年份城镇用地增长弹性系数均大于1.12，2016年达到最大为2.9517。从四大区域来看，东部、中部、西部和东北部四大区域的城镇用地增长弹性系数分别为2.65、1.26、1.93和3.08，都高于国际公认的1.12的水平，这说明中国东部、中部、西部和东北部地区的土地城镇化都快于人口城镇化。从省级层面来看，各个省（市）、直辖市城镇建设用地增长弹性系数存在一定的差异，城镇建设用地增长弹性系数最大的是吉林省，达到6.2794，土地城镇化扩张最快；最小的是海南省，仅为0.3882。根据国际公认的城镇建设用地增长弹性系数1.12的标准来看，北京、天津、内蒙古、辽宁、吉林、黑龙江、上海、江苏、浙江、安徽、福建、江西、山东、河南、湖北、湖南、广东、广西、重庆、四川、贵州、云南、西藏、陕西、甘肃、青海、宁夏、新疆的土地城镇化都快于人口城镇化。仅河北、山西、海南的土地城镇化慢于人口城镇化。中国城市人口密度不高且呈下降趋势，2006年中国城镇人口密度为17317人/平方公里，2016年降至14595人/平方公里，这与中国人多地少的国情不相符合。产业集聚吸纳就业人口不足，根据1996~2016年各年的情况来看，城镇年新增就业人数小于城镇年新增人口数，它们之间的差额大约在1000万人。

第三，就当前的情况而言，中国城镇化进程中单位土地GDP产出率普遍偏低、单位土地就业人数呈下降趋势、城市发展给农村经济带来了一系列的问题，这样的城镇化是不可持续的。从中国土地城镇化、人口城镇化及产业集聚发展效率比较分析来看，中国主要城市的单位城市土地GDP产出率普遍偏低，相比于国外的大城市存在着很大的差异，以北京市为例，北京市单位城市土地GDP产出率大约是纽约的1/5，是东京的1/2，是首尔的4/9。中国单位城镇面积就业人数从2005年的0.8392万人/平方公里下降到2016年的0.7625万人/平方公里。从中国城镇化对农村发展的影响分析来看，中国城镇化对农业发展有积极的作用，但是由于中国的城镇化没有很好地处理与农村发展的关系，积累了一些矛盾，主要表现在：城镇化使农业的比较收益降低；城乡收入差距还在进一步扩大，城镇居民与农村居民收入差额由2000年的4026.60元扩大到2016年的21253.00元；"圈地"之风盛行，城乡矛盾加剧；城镇化造成了耕地的减少，中国的人均耕地面积由1996年的0.0996公顷/人下降到2016年的0.0976公顷/人，耕地减少给中国粮食安全的带来了重大挑战；城市污染向农村蔓延和转移；农民"被城镇化"，对农村社会带来巨大的冲击。

第四，城市土地产出率的变化是一个动态的过程，存在一定的路径依赖。资本和劳动投入密度对土地产出率的影响显著为正，其中资本投入密度是影响城市土地产出率的主要因素。城市规模扩大有利于提高土地产出率。城市用地扩张造成城市用地面积对土地产出率的影响显著为负。第二产业占GDP的比重对土地产出率的影响系数为正，第二产业就业占比对城市土地产出率的影响为负。提高人力资本的水平可以显著提高城市土地产出率。提高市场化水平有利于提高城市土地产出率。政策建议是：①提高城市土地产出率是一个渐进的累积过程，需要循序渐进的推进，不可"大跃进"式地盲目推进。②政府减少对城市经济的过度干预，政府的作用限定在做好城市发展规划、发挥市场配置资源的决定性作用。③防止城市用地过度扩张，从而进一步提高资本投入密度对土地产出率的贡献。④发展城市工业有助于提高土地产出率，但通过发展第三产业可以提供更多就业岗位，从而有效解决农村剩余劳动力的就业问题。⑤大力发展职业教育和技能培训，通过提高人力资本水平来提高土地产出率。⑥进一步提高城市人口规模，但要与当地的资源和环境承载力相匹配，发挥集聚经济效应，提高土地产出率。⑦不同规模城市提高土地产出率的侧重点不一样，特大城市及以上要大力发展产出率高的服务业；控制城市用地规模；提高市场化水平和人力资本。大城市要提高资本密度和市场化水平；大力发展产出率高的服务业；控制城市用地规模。中等城市要提高资本密度和增加就业密度。小城市要增加就业密度和提高人力资本水平。

第五，基于土地城镇化、人口城镇化和产业集聚发展的视角，采用 DEA-Malmquist 方法进行城市化效率研究。从总体上来看，中国各省市（区）Malmquist 效率指数的均值为 0.83，说明在整个研究期间，各省市的城镇化效率在不断下降。通过比较以城市人均 GDP、单位土地产出率和单位土地就业量为产出的 Malmquist 效率指数，我们可以发现，各省市（区）城镇化的投入对城市人均 GDP 的作用比较突出。各省市（区）城镇化的投入对单位土地产出率和单位土地就业量的作用不明显。这说明我们基于土地城镇化、人口城镇化和产业集聚发展的两个很重要的指标单位土地产出率和单位土地就业量的 Malmquist 效率都很差。中国在城镇化进程中虽然对增加城市人均 GDP 起到了一定的作用，但是对单位土地产出率和单位土地就业量的促进作用很弱。此外，通过分析代表土地城镇化指标的建成区面积的非集约值和非集约度，发现中国的各个省市（区）在城镇化进程中城镇土地面积都存在过快增长，土地利用不集约，土地城镇化过快。

第六，分析了影响土地城镇化、人口城镇化和产业集聚协调发展的因素，并通过构建静态和动态 GMM 面板数据模型，实证研究了影响三者协调发展的主要因素。土地城镇化、人口城镇化及产业集聚协调发展存在一定的路径依赖，需要强有力的制度和机制创新来打破这种路径依赖，包括户籍制度改革、财税体制改革以及土地制度创新等。产业结构与三者的协调发展度具有反向的变化关系。即全国各省市（区）工业占比越高，三者不协调的现象就越严重。工业化进程一方面加大了土地的扩张，另一方面人口城镇化却相当滞后。人口密度与三者的协调度具有同向的变化关系，城市规模越大，人口越集中，三者也就越协调，但也要警惕人口和产业过度集中所带来的"大城市病"。财政收支水平与三者的协调度具有反向的变化关系，即各省市（区）财政收支水平越高，人口城镇化滞后于土地城镇化的现象就越严重，三者的协调度越差，而且呈现出发达地区财政收支越大，土地城镇化越快。因此，需要制度创新和配套措施来打破地方政府对土地财政的过度依赖。户籍管制放松与三者的协调度具有正向的变化关系，随着户籍管制的放松，人口城镇化滞后于土地城镇化的状况将得到改善，会提高三者的协调度。农地使用权制度与三者协调度具有同向的变化关系，即农民对耕地的承包使用期限越长，向城镇转移的概率越大，农民转移到城镇后不仅能获得工资性收入，还可以对所承包的土地进行进行转包、出租、互换、转让或以其他方式获得财产性收入，但要以完善土地流转机制为前提。

第七，2016年，中国城镇化率达到57.35%，说明中国已经进入城镇化的中期阶段，更多地强调城镇化质量的提高。分析了不同的城镇化道路与土地城镇化、人口城镇化及产业集聚协调发展的关系，通过分析我们得出如下结论：当前中国的城镇化要推行大中小城市与小城镇协调发展的城镇化道路，而且以城市群为主体形态。之所以要以城市群为主体形态，是因为城市群本身就含有大中小城市和小城镇，它们通过交通网络和信息网络联合起来，反映在经济紧密联系、之间的产业分工与合作以及人口的流动方面。促进中国土地城镇化、人口城镇化和产业集聚协调发展的路径包括：坚持以市场为主、以政府为辅的运行机制和管理调控方式；发挥"推力"和"拉力"相结合的城镇化动力作用；选择同步城镇化发展路径；打造紧凑型的空间发展格局；坚持大中小城市和小城镇联动发展、以城市群为主体形态的城镇化模式；改革户籍制度、集体土地流转制度、财税体制和实行"人地挂钩"政策；注重人口就业，实现产业城镇化是未来城镇化发展的重点；集约型城镇化是中国未来城镇化发展的方向。

第二节　研究展望

本书探讨了土地城镇化、人口城镇化及产业集聚的关系，并测算出了当前中国土地城镇化、人口城镇化及产业集聚的发展现状和效率，提出了促进三者协调发展的城镇化道路。笔者认为，对于这一问题的研究还有待从以下几个方面进行深入剖析：

第一，关于土地城镇化、人口城镇化和产业集聚发展现状，不同城市规模可能存在一定的差异，受数据的局限（如小城镇的数据很难获得），没有进行细分，这一方面的研究还不够深入。

第二，本书对单位城市土地产出率的影响因素采用的是面板数据的分析，为进一步分析中国城市土地产出率，可以选取有代表性的发达国家和发展中国家的样本数据进行对比研究，以了解中国城市土地产出率的发展状况和差距，认清中国城市土地产出率背后的问题。

第三，关于土地城镇化、人口城镇化和产业集聚协调度的测算，不同学者采用不同的方法或数据指标，使得三者的协调度计算结果出现一定的偏差，对土地城镇化、人口城镇化和产业集聚协调度的研究需要进一步深入。

参考文献

[1]   国土部. 截至2016年底全国城镇土地总面积943.1万公顷[EB/OL]. (2017-12-28)
       [2018-06-12]. http://finance.people.com.cn/n1/2017/1228/c1004-29734355.html.

[2]   发改委. 中国人口城镇化率滞后于土地城镇化[EB/OL]. (2013-10-24)[2018-06-
       12]. http://news.sohu.com/20131024/ n388792786.shtml.

[3]   2016年全国户籍人口城镇化率达41.2%[EB/OL]. (2017-02-10)[2018-06-12]. http：
       //www.xinhuanet.com/city/2017-02/10/ c_129474176.htm.

[4]   王志成. 柳州市土地集约利用评价及优化研究[D]. 武汉：华中农业大学,2009：15-
       20.

[5]   赫茨勒. 世界人口的危机[M]. 何新,译. 北京：商务印书馆,1963.

[6]   刘洁泓. 城市化内涵综述[J]. 西北农林科技大学学报(社会科学版),2009,9(4)：59-
       61.

[7]   尹宏玲,徐腾. 中国城市人口城镇化与土地城镇化失调特征及差异研究[J]. 城市规
       划学科,2013(2)：10-15.

[8]   李欣. 城镇化是生活质量与品质提升[EB/OL]. (2013-01-31)[2018-06-12]. http://
       news.hexun.com/2013-01-31/150777041.html.

[9]   城镇化要重视生活质量和社会发展[N]. 城市导报,2012-11-16(B1).

[10]   杨中川. 城镇化率仅35.1%,全国2816个中小城市发展潜力巨大[EB/OL]. (2013-10-
       24)[2018-06-23]. http://house.focus.cn/news/2013-10-22/4174105.html.

[11]   王凤鸿,伊文君. 区域农村劳动力转移与人口城镇化协调发展的动力机制研究——

以山西省为例[J]. 技术经济与管理研究,2007(4):61-62.

[12] 杨婉月. 推动泉州城市化与产业集聚互动发展[J]. 发展研究,2006(11):42-43.

[13] 张玉泽,任建兰. 中国新型城镇化发展路径创新——基于人地协调视角[J]. 现代经济探讨,2017(1):28-32.

[14] 陆大道. 中国的城镇化进程与空间扩张[J]. 城市规划学刊,2007(4):47-52.

[15] 安虎森. 区域经济学通论[M]. 北京:经济科学出版社,2004.

[16] 龚虹波,许继琴. 国内外产业集聚政策研究综述[J]. 生产力研究,2004(10):184-187.

[17] JUSTIN L,WANG G W,ZHAO Y H. Regional inequality and labor transfers in China[J]. Economic development and cultural change,2004,52(3):587-603.

[18] FEI C H,RANIS G A. Theory of economic development[J]. American economic review,1961,51(4):533-565.

[19] YANG D,PARK A,WANG S G. Migration and rural poverty in China[J]. Journal of comparative economics,2005,33(4):688-709.

[20] 王红伟. 论产业转移背景下产业集聚区对就业的带动效应[J]. 商业时代,2011(19):99-100.

[21] 辜胜阻,郑凌云,易善策. 新时期城镇化进程中的农民工问题与对策[J]. 中国人口.资源与环境,2007,17(1):1-5.

[22] BRUECKNER J K,FANSLER D A. The economics of urban sprawl:theory and evidence on the spatial sizes of cities[J]. The review of economics and statistics,1983,65(3):479-482.

[23] BRRUECKNER J K. Urban sprawl:diagnosis and remedies[J]. International regional science review,2000,23(2):160-171.

[24] BRRUECKNER J K,HELSLEY R W. Sprawl and blight[J]. Journal of urban economics,2011,69(2):205-213.

[25] 陈凤桂,等. 中国人口城镇化与土地城镇化协调发展研究[J]. 人文地理,2010(5):53-58.

[26] 范进,赵定涛. 土地城镇化与人口城镇化协调性测定及其影响因素[J]. 经济学家,

2012(5)：61-67.

[27] 于兴业,等.农民工市民化与农村土地制度创新[J].东北农业大学学报(社会科学版),2013(4)：32-35.

[28] 李力行.中国的城市化水平：现状、挑战和应对[J].浙江社会科学,2010(12)：27-42.

[29] 孙文凯,白重恩,谢沛初.户籍制度改革对中国农村劳动力流动的影响[J].经济研究,2011(1)：28-41.

[30] 张平.中国将合理控制特大城市规模寻求城镇化科学发展[EB/OL].(2013-03-08)[2018-06-22]. http://news.xinhuanet.com/2013lh/2013-03/08/c_114947625.htm.

[31] 李纪鹏,温彦平.武汉市土地城镇化与人口城镇化协调性研究[J].华中师范大学学报(自然科学版),2018,52(1)：108-114.

[32] 陆大道,姚士谋,李国平.基于中国国情的城镇化过程综合分析[J].经济地理,2007, 27(6)：883-887.

[33] 马晓河.到2020年城镇化将带动25万亿投资和消费需求[EB/OL].(2013-01-29)[2018-06-20]. http://finance.eastmoney.com/news/1346201301229270815028.html.

[34] BUTTON K J. Urban economics：theory and policy[M]. London：The MacMillan Press, 1976.

[35] MILLS E S, HAMILTON B W. Urban economics[M]. New York ：Harper Collins College Publishers,1994.

[36] 郑真真.发达国家人口流动的现状及其相关政策[EB/OL].(2005-08-26)[2018-06-13]. http://ido.3mt.com/pc/200508/20050826147004.shtm.

[37] 杨伟民.推进城镇化要立足于改善居民生活质量[EB/OL].(2013-03-30)[2018-06-12]. http://www.gw.com.cn/news/news/2013/0330/200000150926.shtml.

[38] 李荣.产业集聚对城市化的推动作用分析[D].重庆：重庆工商大学,2009：31.

[39] 习近平.城镇化决不能让农村荒芜[EB/OL].(2013-07-24)[2018-06-15]. http://news.163.com/13/0724/08/94HMI3RJh00014AED.html.

[40] 丛瑞雪.产业集聚对城镇化的推动机制研究[D].济南：山东大学,2012：1.

[41] LEWIS W A. Economic development with unlimited supply of labour[J]. Manchester

school of economic & social studies,1954,22(2)：139-191.

[42] 张鹏岩,等.人口城镇化与土地城镇化的耦合协调关系——以中原经济区为例[J].
经济地理,2017,38(8)：145-154.

[43] TODARO M P. A model of labor migration and urban unemployment in less developed
countries[J]. American economic review,1969,59(1)：138-148.

[44] 汪海波.中国现阶段城镇化的主要任务及其重大意义[J].经济学动态,2012(9)：49-
56.

[45] 托达罗.经济发展[M].黄卫平,译.北京：中国经济出版社,1999：281.

[46] PORTUGALI J. Self-organization and the city[M]. Berlin：Springer Verlag,2000.

[47] 牟玲玲,吕丽妹,安楠.新型城镇化效率演化趋势及其原因探析——以河北省为例
[J].经济与管理,2014(7)：91-97.

[48] 魏后凯.东亚国家城镇化模式及其得失[EB/OL].（2013-01-20)[2018-06-12].
http:// news.china.com/news100/11038989/20130120/17642578.html.

[49] 金波,关海玲.产业集聚形成机制分析[J].山西高等学校社会科学学报,2005,17
（3)：53-55.

[50] 魏权龄.数据包络分析[M].北京：科学出版社,2004：1-58.

[51] 王家庭,赵亮.中国区域城市化效率的动态评价[J].软科学,2009(7)：92-98.

[52] 伍海燕,陈雪莲.国外城镇化经验教训：过快城镇化造大量贫民窟[EB/OL].（2013-
03-18)[2018-06-20]. http://world.huanqiu.com/regions/2013-03/3743172_2.html.

[53] 刘英群.中国城市化：经济、空间和人口[D].大连：东北财经大学,2011：106.

[54] RAMSEY P F. A mathematical theory of saving[J]. Economic journal,1928,38(152)：
543-559.

[55] CASS D. Optimum growth in an aggregative model of capital accumulation[J]. Review of
economic studies,1965,32(3)：223-240.

[56] KOOPMANS T C. On the concept of optimal economic growth[M]. Amsterdam：North-
Holland,1965.

[57] 国忠金.具有内生人口规模的城市经济增长模型[J].泰山学院学报,2007(3)：30-
32.

[58] 才亚丽.武汉城市圈人口对经济发展的影响研究[D].武汉：中国地质大学,2009：7.

[59] 曾伟.土地资源对中国城市经济的影响效应研究[D].成都：西南财经大学,2013：22-36.

[60] 土地城镇化涉及土地产权的变化,即农村土地使用者转移到城镇土地使用者。

[61] 侯亮,吴永生.论城市房价与人口变动的互动关系——基于北京、深圳、成都数据的实证研究[J].北方经济,2009(8)：11-12.

[62] 杨舸.构建合理城市体系缓解大城市人口压力[N].中国社会科学报,2013-01-01(1).

[63] HENDERSON V. The urbanization process and economic growth：the so-what question [J]. Journal of economic growth,2003(8)：47-71.

[64] LUCAS R E. On the mechanics of economic development[J]. Journal of monetary economics,1988,22(1)：3-42.

[65] LIU Y B. Exploring the relationship between urbanization and energy consumption in China using ARDL（autoregressive distributed lag）and FDM（factor decomposition model）[J]. Energy,2009,34(11)：1846-1854.

[66] 刘习平,宋德勇.城市产业集聚对城市环境的影响[J].城市问题,2013(3)：9-15.

[67] 蔡秀玲.中国城镇化历程、成就与发展趋势[J].经济研究参考,2011(63)：28-37.

[68] 刘奇.中国与西方国家城市化存五大差异[EB/OL].（2013-07-10）[2018-06-13]. http://www.ciudsrc.com/new_xinwenh/yaowen /2013-07-10/51036.html.

[69] 中国户籍制度改革与城镇化进程[EB/OL].（2009-12-29）[2018-06-13]. http://news.xinhuanet.com/ziliao/2009-12/29/ content_12721147.htm.

[70] 周飞舟.分税制十年：制度及其影响[J].中国社会科学,2006(6)：100-115.

[71] 姚洋.中国农地制度：一个分析框架[J].中国社会科学,2000(2)：54-65.

[72] 吴志强.新型城镇化需严控特大城市盲目扩张[EB/OL].（2018-06-04）[2018-06-12]. http://www.xinhuanet.com/2018-06/04/ hc_1122931400.htm.

[73] 盖尔.交往与空间[M].何人可,译.北京：中国建筑工业出版社,1992.

[74] 王晓伟,邓峰,魏佳.新疆各地区城市化效率动态分析——基于DEA-Malmquist指数方法[J].特区经济,2012(9)：183-185.

[75] 戴中亮. 城市化与失地农民[J]. 城市问题, 2010(1): 96-101.

[76] 2012中国城镇化高层国际论坛[EB/OL]. (2012-03-25)[2016-06-15]. http://finance. sina.com.cn/hy/20120325/1156116h72004shtml.

[77] 赵庆海, 刘合林. 山东省土地城镇化与人口城镇化协调发展对策研究[J]. 电子科技 大学学报(社科版), 2018, 20(1): 1-9.

[78] 王元京. 新型城镇化业绩的后评价[J]. 中国科技投资, 2013(27): 45-48.

[79] 赵纬, 王韬, 李德功. 论中部地区产业集聚与城市化之互动[J]. 地域研究与开发, 2006, 25(4): 43-47.

[80] 孙丽萍, 杨筠. 中国西部人口城镇化与土地城镇化协调性的时空分析[J]. 地域研究 与开发, 2017, 36(3): 55-58.

[81] HENDERSON V, KUNCORO A, TURNER M. Industrial development in cities[J]. Journal of political economics, 1995, 103(5): 1067-1090.

[82] FAN C C, SCOTT A J. Industrial agglomeration and development: a survey of spatial economic issues in East Asia and a statistical analysis of Chinese regions[J]. Economic geography, 2003, 79(3): 295-319.

[83] CICCONE A, HALL R. Productivity and the density of economic activity[J]. American economic review, 1996, 86: 54-70.

[84] CICCONE A. Agglomeration effects in Europe[J]. European economic review, 2002, 46 (2): 213-227.

[85] 豆建民, 汪增洋. 经济集聚、产业结构与城市土地产出率——基于我国234个地级城 市1999~2006年面板数据的实证研究[J]. 财经研究, 2010(10): 26-36.

[86] 肖文, 王平. 中国城市经济增长效率与城市化效率比较分析[J]. 城市问题, 2011(2): 12-16.

[87] 王建武, 卢静看. 发达国家城镇化建设怎样用地[EB/OL]. (2013-05-14)[2018-06-21]. http://build.workercn.cn/26584/201305/14/130514084306594.shtml.

[88] 新型城镇化驱动新能源发展[EB/OL]. (2013-07-10)[2018-06-12]. http://www.sxcoal. com/energy/3297715/articlenew.html.

[89] 戴永安. 中国城市效率差异及其影响因素——基于地级及以上城市面板数据的研

究[J]. 上海经济研究,2010(12): 12-19.

[90] 陈虎刚,袁惊柱. 基于DEA方法的城市化效率评价:以四川省为例[J]. 云南财经大学学报(社会科学版),2011(6): 98-101.

[91] 王晓云,杨秀平,张雪梅. 基于DEA-Tobit两步法的城镇化效率评价及其影响因素——从人口城镇化与土地城 镇化协调发展的视角[J]. 2017(5): 29-34.

[92] 陈先强. 武汉城市圈城市化效率实证研究[J]. 华中农业大学学报(社会科学版),2012(1): 86-89.

[93] 张培刚. 发展经济学教程[M]. 北京:经济科学出版社,2007: 352-353.

[94] 钱丽,等. 中国区域工业化、城镇化与农业现代化耦合协调度及其影响因素研究[J]. 经济问题探索,2012(11): 10-17.

[95] 张秀娥,张梦琪. 产业集聚是新型城镇化建设的关键[N]. 光明日报,2014-09-08 (7).

[96] 王雨岑,夏敏. 快速城镇化地区城市用地扩张与人口增长的协调性研究——以江苏省为例[J]. 江西农业学报 2015,27(1): 100-103.

[97] 文贯中. 城市化:从外生型到内生型的转变[J]. 新产经,2013(1): 27-30.

[98] 林勇,等. 中国土地城镇化对经济效率的影响[J]. 城市问题,2014(5): 28-33.

[99] YOUNG A. Gold into base metals: productivity growth in the Peoples Republic of China during the reform period[J]. Journal of political economy,2003,111(6): 1220-1261.

[100] HALL R E,JONES C I. Why do some countries produce so much more output per worker than others?[J]. Quarterly journal of economics,1999,114(2): 83-116.

[101] 戴永安. 中国城市化效率及其影响因素——基于随机前沿生产函数的分析[J]. 数量经济技术经济研究,2010(12): 103-132.

[102] FARRELL M J. The measurement of productive efficiency[J]. Journal of the royal statistical society,1957,120(3): 253-290.

[103] 李子联. 人口城镇化滞后于土地城镇化之谜——来自中国省际面板数据的解释[J]. 中国人口·资源与环境,2013,23(11): 94-101.

[104] 岳立,曾鑫. 基于DEA-Malmquist指数方法的西部11省城市化效率评价[J]. 湖南财政经济学院学报,2013(6): 61-66.

[105] 蔡昉,等.户籍制度与劳动力市场保护[J].经济研究,2001(12):41-49.

[106] 陶然,袁飞,曹广忠.区域竞争、土地出让与地方财政效应[J].世界经济,2007(10):14-26.

[107] 陶然,徐志刚.城市化、农地制度与迁移人口社会保障[J].经济研究,2005(12):45-56.

[108] 国务院发展研究中心土地课题组.土地制度、城市化与财政金融[J].改革,2005(10):12-17.

[109] 住建部.中国小城镇人口比例远远落后于欧美国家[EB/OL].(2013-08-14)[2018-06-21].http://china.haiwainet.cn/n/2013/0814/c345646-19302611.html.

[110] 佟德龙,等.土地利用的生产要素对经济增长贡献测算——以湖南省常德市为例[J].国土资源科技管理,2008(4):96-100.

[111] 范进,赵定涛.土地城镇化与人口城镇化协调性测定及其影响因素[J].经济学家,2012(5):61-67.

[112] YANG D. Knowledge spillovers and labor assignments of the farm household[D]. Chicago: University of Chicago, 1994: 1-89.

[113] 叶裕民.中国城市化的制度障碍与制度创新[J].中国人民大学学报,2001(5):32-38.

[114] AKAI N, SAKATA M. Fiscal decentralization contributes to economic growth: evidence from state-level cross-section data for the United States[J]. Journal of urban economics, 2002, 52(1): 93-108.

[115] 曹文莉,等.发达地区人口、土地与经济城镇化协调发展度研究[J].中国人口.资源与环境,2012(2):141-146.

[116] 秦虹.新型城镇化亟待提高土地利用效率[EB/OL].(2013-06-25)[2018-06-15].http://house.hexun.com/2013-06-26/155533907.html.

[117] BLUNDELL R, BOND S. GMM estimation with persistent panel data: an application to production functions [J]. Journal of economics, 1998, 87: 115-143.

[118] 马志刚.中国城市用地增长弹性系数已超合理阈值[EB/OL].(2013-03-30)[2018-06-12].http://www.ce.cn/xwzx/gnsz/gdxw/201312/05/t20131205_1855587.shtml.

[119] 李佐军. 城镇化是对地方政府的挑战[EB/OL]. (2013-07-24)[2018-06-20]. http://news.hexun.com/2013-07-24/156432913.html.

[120] 伍骏骞, 等. 产业集聚与多维城镇化异质性 [J]. 中国人口·资源与环境, 2018(5)：105-114.

[121] 杨眉. 城镇化的发展规律、原则及路径[J]. 城市问题, 2012(8)：26-29.

[122] 2013年中国中小城市绿皮书在京发布[EB/OL]. (2013-10-22)[2018-06-23]. http://news.xinhuanet.com/overseas/2013-10/22/c_125576622.htm.

[123] 姚士谋, 等. 中国城镇化需要综合性的科学思维——探索适应中国国情的城镇化方式[J]. 地理研究, 2011, 30(11)1947~1955.

[124] 刘振伟. 中国上万个建制镇、中小城市转移人口潜力大[EB/OL]. (2014-03-09)[2018-06-21]. http://news.xinhuanet.com/2014-03/09/c_119679882.htm.

[125] 姜涛. 小城镇的人口集聚问题研究[J]. 中国商界, 2013(8).

[126] 付晓东. 中国城市化与可持续发展[M]. 北京：新华出版社, 2005：5-10.

后　记

　　沿着中国城镇化路径在时间纵轴上寻迹，不难发现，保持着高强度的城镇化扩张一路狂奔，其结果却是一边是快速复制的城镇化，一边则是劳动力、产业的空巢。城镇化资源的错配，带来的是区域发展的失衡，主要表现在重视城镇形式上的建设，却忽视产业的拉动，产业的发展追不上城市的扩张。空有高楼的漂亮新区，大多数是规划超前、建设超前造成的，因为产业进驻和人口导入需要较长的时间，加之部分城市人口外流、缺乏产业支撑，最终的结果却是满地荒凉。在这种情况下，城镇在空间上的扩张并不能与产业及人口相匹配，于是基础设施建设的浪费、地方政府债务问题、产业空心化等现象也就随之而来，这种超前发展可能要付出较大的代价。

　　新型城镇化是现代化的必由之路，站在新的起点上推动新型城镇化，必须主动适应引领经济发展新常态，遵循规律，创新理念，使城镇化成为一个顺势而为、水到渠成的发展过程。城镇化不仅仅是物的城镇化，更重要的是人的城镇化。城镇的发展终究要依靠人、为了人，以人为核心才是城市建设与发展的本质。因此，中国新型城镇化进程中人口、土地和产业需要协调发展，在实践中保持这三者合力处于均衡发展的水平上，当任何一方的力量过大，将会打破这种协调发展的状态。目前的状况是，过去30多年投资拉动的工业化，土地城镇化快于人口城镇化，过早的以资本代替劳动力，导致"高增长，低就业"，就业弹性逐年下降，城镇吸纳劳动力能力不足。城市的硬件和软件的数量和质量均不能满足激增人口的需要，承载能力有限，产业集聚吸纳就业能力不足。因此，对于土地城镇化和人口城镇化而言，有必要更加关注人口城镇化的问题，从而促进土地城镇化和人口城镇化的协调，同时更应该要强化产业支撑，通过产业集聚解决进城农民工的就业和安居问题。探讨促进土地城镇化、人口城镇化及产业集聚协调发展的城镇化路径具有重大的理论和实践意义，对于顺利推进中国城镇化进程至关重要。

本书的研究内容是笔者在博士论文的基础上进一步思考、总结而成的，笔者于2011年进入华中科技大学经济学院师从宋德勇教授攻读博士学位，2013年宋德勇教授在大河经济学家年会上发表了主题为"新型城镇化坐标中的三个变量"演讲，其中就提到"城镇化的坐标中有几个变量：土地的城镇化、人的城镇化以及产业的集聚化"，这三个变量应该要协调发展。之后，宋德勇教授把这个想法和我进行了交流，觉得这是一个不错的选题，具有很强的现实性，这直接促成了后来我博士论文的选题。当然，在写作过程中也遇到了一些困难：一是理论构架，要将新型城镇化进程中人口、土地和产业这三个变量融为一体，的确面临不少的挑战，后来通过查阅资料、思考总结、向导师请教，反复交流，解决了这一难题。二是作为学术性的博士论文，做到理论与实证研究相结合，需要查找数据进行计量实证分析，在这一过程也经历了很多艰辛。从去年开始，我就计划着将此书出版，由于毕业已有两三年了，需要增加新的内容，最为艰难的是需要更新数据，以保证该书的时效性，最后在不懈地努力下，完成了该著作。

回首走过的岁月，心中倍感充实，感慨良多，曾有过成功的喜悦，亦有过失败的沮丧，有太多的人和事值得记忆和感谢。本书的付梓，需要特别感谢导师宋德勇教授，能拜在宋老师的门下，是一种缘分，也是我的荣幸。本书的选题以及写作，也是得益于宋老师的指点，书中每一个环节中无不凝聚着恩师的汗水和心血；感谢其他给我学术启迪的各位老师，他们是徐长生教授、张卫东教授、张建华教授、汪小勤教授、唐齐鸣教授、范子英副教授；武汉大学经济管理学院马颖教授、华中科技大学经济学院徐长生教授、汪小勤教授、张卫东教授、汪小勤教授等多位学者对本书的框架和内容提出了富有建设性的建议，对本书中一些观点的形成启发很大，借此机会向各位老师表示深深的谢意！

　　希望本书的出版能够为学术界、政府部门的研究和决策提供参考，为中国新型城镇化转型发展尽绵薄之力。

刘习平

2018年9月于藏龙岛